Exploring Hiroshima
Japan's Symbol for Peace

Coen Nishiumi

English translated by Masahiro Okoshi

Special Edition

IBC パブリッシング

All photographs by wikipedia and photolibrary except:

p.39 　　撮影：米軍／提供：広島平和記念資料館
p.41 　　撮影：米軍／提供：広島平和記念資料館
p.43(左) 撮影：林重男／提供：広島平和記念資料館
　 (右) 撮影：川原四儀／提供：広島平和記念資料館

Cover photo by Shutterstock

はじめに

　ラダーシリーズは、「はしご（ladder）」を使って一歩一歩上を目指すように、学習者の実力に合わせ、無理なくステップアップできるよう開発された英文リーダーのシリーズです。

　リーディング力をつけるためには、繰り返したくさん読むこと、いわゆる「多読」がもっとも効果的な学習法であると言われています。多読では、「1. 速く 2. 訳さず英語のまま 3. なるべく辞書を使わず」に読むことが大切です。スピードを計るなど、速く読むよう心がけましょう（たとえば TOEIC® テストの音声スピードはおよそ1分間に150語です）。そして1語ずつ訳すのではなく、英語を英語のまま理解するくせをつけるようにします。こうして読み続けるうちに語感がついてきて、だんだんと英語が理解できるようになるのです。まずは、ラダーシリーズの中からあなたのレベルに合った本を選び、少しずつ英文に慣れ親しんでください。たくさんの本を手にとるうちに、英文書がすらすら読めるようになってくるはずです。

《本シリーズの特徴》
- 中学校レベルから中級者レベルまで5段階に分かれています。自分に合ったレベルからスタートしてください。
- クラシックから現代文学、ノンフィクション、ビジネスと幅広いジャンルを扱っています。あなたの興味に合わせてタイトルを選べます。
- 巻末のワードリストで、いつでもどこでも単語の意味を確認できます。レベル1、2では、文中の全ての単語が、レベル3以上は中学校レベル外の単語が掲載されています。
- カバーにヘッドホーンマークのついているタイトルは、オーディオ・サポートがあります。ウェブから購入/ダウンロードし、リスニング教材としても併用できます。

《使用語彙について》
レベル1：中学校で学習する単語約1000語

レベル2：レベル1の単語+使用頻度の高い単語約300語

レベル3：レベル1の単語+使用頻度の高い単語約600語

レベル4：レベル1の単語+使用頻度の高い単語約1000語

レベル5：語彙制限なし

スペシャル・エディション：レベル3～4に相応。ただし、中学英語レベルでも無理なく読めるよう巻末のワードリストには全単語の意味を掲載しています。

Table of Contents

Chapter 1 **What is Hiroshima?** 1
- Overview of Hiroshima 3
- Nature and Climate of Hiroshima.......................... 7
- Access to Hiroshima 9

Chapter 2 **History of Hiroshima** 15
- Itsukushima Shrine in Miyajima,
  a place of worship since ancient times................ 17
- The Origins of Hiroshima City............................. 25
- The Origins of the Hiroshima Clan 28
- The Seto Inland Sea and Its History 30
- Hiroshima and the Atomic Bomb 36
- Sadako's Story... 50
- Present-day Hiroshima... 55

Chapter 3 **The Real Face of Hiroshima** 61
- Hiroshima and Sports 63
- Foods in Hiroshima.. 67
- Visiting the Islands... 71
- Festivals in Hiroshima 73
- Characteristics of the Hiroshima People 76

Word List 80

読み始める前に

広島県の名前の由来には、二つの説があります。ひとつは、広島市が太田川の広々とした三角州に位置するという地形から、「広い島」という意味。もうひとつは、広島城を築城した毛利輝元の祖先、大江広元の「広」の字と、この地の豪族であった福島元長から「島」をとって、「広島」としたという説です。

View of Hiroshima Peace Memorial Park and surrounding areas

広島県の県章

広島県基本情報

県庁所在地：広島市

面積：8,479.47 km² (47都道府県中11番目)

人口：約283万人 (47都道府県中12番目)

広島県の花・木：モミジ *(Japanese) maple*

広島県の鳥：アビ *Gavie stellata*

広島県の魚：牡蠣 *Oyster*

気候と地形：広島県は中国地方の西より、山陽地方に位置しています。東西130km、南北119kmにわたり、県の面積の73%を山地が占めています。また瀬戸内海には広島県に属する大小の島々が138あります。気候は温和で、とくに瀬戸内海気候に属す南部は年の平均気温が14–16°Cです。県北部は高地で中国山地気候に属するため、冬季は積雪もあり、平均気温は10–12°Cと下がります。

友好提携都市：広島県としては、中国四川省およびアメリカのハワイ州と友好関係を結んでいます。その他、広島市は、ハワイ州ホノルル市、ロシアボルゴグラード市、ドイツのハノーバー市、中国重慶市、韓国大邱広域市などと提携しています。

Chapter 1
What is Hiroshima?

View of Hiroshima from Miyajima (top),
Hiroshima Castle (bottom)

【広島県の概要】

　広島県は中国地方に位置し、鳥取県、島根県、岡山県と隣接し、瀬戸内海をはさんで愛媛県とは橋で結ばれています。47都道府県のうち面積は21番目です。広島県は嚴島神社と原爆ドームという二つの世界遺産を有し、日本全国の学生たちの修学旅行先として、また世界中の訪日観光客の滞在先として人気のある県です。

● わからない語は巻末のワードリストで確認しましょう。
- ☐ atomic bomb
- ☐ nuclear
- ☐ tragedy
- ☐ prefecture
- ☐ feudal
- ☐ World Heritage Sites

● 主な地名および名称、固有名詞

☐ Seto Inland Sea	瀬戸内海
☐ Province of Aki	安芸の国（芸州）
☐ Province of Bingo	備後の国
☐ Fukuyama City	福山市
☐ Onomichi City	尾道市
☐ Kure City	呉市
☐ San-in	山陰
☐ San-yo	山陽
☐ Honshu–Shikoku Bridge	本州四国連絡橋
☐ Imabari City	今治市
☐ Setouchi Shimanami Kaidō	瀬戸内しまなみ海道
☐ Geihoku	芸北
☐ Bihoku	備北
☐ Tomonoura	鞆の浦
☐ Sandankyō Gorge	三段峡
☐ Kagura Monzen Tōji Village	神楽門前湯治村
☐ Taishakukyō Gorge	帝釈峡

Overview of Hiroshima

Hiroshima is a metropolis in Japan that, along with Nagasaki, is well known globally as the city in which a lot of people were killed by an atomic bomb during World War II. Hiroshima is probably as famous worldwide as Tokyo and Kyoto.

Hiroshima City is against nuclear war because of the tragedy of the atomic bomb that the city experienced and actively promotes a campaign for world peace.

Hiroshima City faces the Seto Inland Sea and is the capital of Hiroshima Prefecture which is home to 1.19 million people.

The western half of Hiroshima Prefecture used to be known as the "Province of Aki" (Geishū) and the eastern half was known as the "Province of Bingo." These provinces originally belonged to different administrative districts.

These two provinces were integrated into a single prefecture in the Meiji era during which time the Japanese feudal system was deconstructed and the prefectural system was established. The center of Aki has become Hiroshima City and that of Bingo has become Fukuyama City.

Hiroshima Prefecture is in the Chugoku region in west Japan. The Chugoku region lies between the Kyushu region which directly faces Korea and China and the Kinki region where is the second-largest regional economy in Japan. Hiroshima City has been developed as a core city of the Chugoku region.

Hiroshima Prefecture has other core

cities in addition to Hiroshima City, such as Fukuyama, Onomichi, and Kure, which belong to different districts of the Prefecture. All of these core cities face the Seto Inland Sea. Onomichi and Kure have been developed on the foundations of the shipbuilding industry.

The area within Hiroshima Prefecture that faces the Seto Inland Sea and which includes Hiroshima City is well known as a manufacturing hub for the production of goods such as cars, ships, steel, and semiconductors. A lot of companies such as Mazda have set up their headquarters in and around Hiroshima City.

Mazda head office located in Aki.

Hiroshima Prefecture in Numbers

Location
Hiroshima Prefecture is located in the Chugoku area, the westernmost part of Honshu Island. The Chugoku area is composed of five prefectures—Tottori, Shimane, Okayama, Yamaguchi and Hiroshima. Hiroshima Prefecture faces the Seto Inland Sea, the largest inland sea in Japan, and on its border with Shimane Prefecture is the Chugoku mountain range. The north side of the mountains is called San-in, the south side San-yo.

Population
The population of Hiroshima Prefecture is about 2.83 million as of May 2017. Hiroshima is the 12th most populous prefecture in Japan.

Area
The area of Hiroshima Prefecture is about 8.479 km^2, which accounts for 2.2 % of the total area of Japan. It is the 11th largest prefecture in Japan, measuring about 130 km from east to west and about 119 km from north to south.

Geography
About 73 % of Hiroshima Prefecture is covered by the Chugoku mountain range, and some coastal areas are also very close to the mountains. The prefecture also includes 140 islands in the Seto Inland Sea.

Nature and Climate of Hiroshima

In the northern part of Hiroshima Prefecture, the Chugoku mountain range runs from east and west and within its dense spreading forests there are various wild animals such as Asiatic black bears. The altitude of the range is not especially high and old villages and towns are scattered in the valleys below the mountain range.

The Seto Inland Sea area is sprinkled with rustic fishing villages and scenic islands that are alluring to visitors. Like many other beauty spots in Japan, in Hiroshima Prefecture the mountain area and the sea area coexist side by side. Like the coast of Greece, the western part of Turkey, and the Washington and Maine States of the United

States, an intricate shoreline and many small islands can be seen below the jutting mountainside.

The climate of Hiroshima Prefecture varies widely.

Although the prefecture is generally

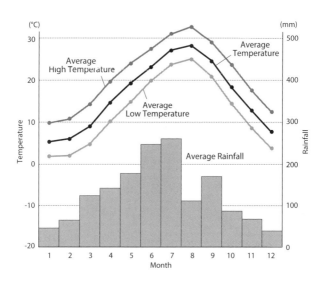

Hiroshima's Temperature & Rainfall

classed as an area with a mild climate, which is typical for west Japan, its mountain area is occasionally covered with snow in winter. However, the climate in the area that faces the Seto Inland Sea is definitely mild.

When you visit Hiroshima, we would recommend that you not only study the history related to the atomic bombing, but also enjoy the serenity of nature.

Access to Hiroshima

It takes about four hours to travel to Hiroshima by Shinkansen from Tokyo and a mere one hours and an half from Shin-Osaka. From Fukuoka in the Kyushu region, it only takes just over one hour by Shinkansen.

Exploring Hiroshima

Hiroshima Airport is one hour by bus from the center of Hiroshima City. There are a lot of flights from Tokyo. It takes just over one hour and a half to fly from Tokyo to Hiroshima. There are also highway buses that operate between Hiroshima and various cities such as Tokyo, Osaka, Kyoto, and Fukuoka.

Access to Hiroshima

Chapter 1 What is Hiroshima?

Highways such as the Chugoku Expressway and San-yo Expressway pass through Hiroshima. It takes five hours to drive from Osaka and three hours from Fukuoka.

Hiroshima Prefecture is also connected to Shikoku Island by the Honshu–Shikoku Bridge. The Bridge connects Onomichi City of Hiroshima Prefecture and Imabari City of Ehime Prefecture while passing over several islands into the Seto Inland Sea.

Setouchi Shimanami Kaidō

Shimanami Kaidō is the nickname of the 60-kilometer-long road with 10 bridges that connects Onomichi City and Imabari City. This route over the sea passes through six islands, and is the first cycling road in Japan that crosses a strait. Shimanami Kaidō is known for its scenic beauty, and international cycling events are held there.

Kurushima-kaikyō Ōhashi Bridge

Hiroshima's four main regions

Hiroshima Prefecture is divided into four main regions: Aki (southwest), Bingo (southeast), Geihoku (northwest) and Bihoku (northeast).

Aki region

Contains Hiroshima City, the largest city in the Chugoku & Shikoku areas. Many tourists visit Aki because it boasts World Heritage Sites such as the Atomic Bomb Dome and Miyajima. Kure City, formerly a naval district, is also in this region.

The port of Kure

Bingo region

Contains Onomichi City, the location of several movies and books. Fukuyama City was an important city of the Province of Bingo, and its nearby tourist attractions include Fukuyama Castle (National Historical Relic Site) and Tomonoura, a scenic spot since olden times. Tomonoura also became the setting of *Ponyo*, a 2008 animated fantasy produced by Studio Ghibli.

Fukuyama Castle

Geihoku region

Contains Sandankyō Gorge (nationally designated as a Special Place of Scenic Beauty), one of the greatest ravines

Chapter 1 What is Hiroshima?

in Japan that attracts numerous tourists in the seasons of fresh green growth and autumnal leaves. Kagura Monzen Toji Village still preserves its nostalgic rows of streets, where you can enjoy hot springs surrounded by mountains as well as *kagura* (sacred Shinto music and dance).

Sandankyō Gorge

Bihoku region

Onbashi in Taishakukyō Gorge is a natural bridge that is allegedly the most beautiful bridge in Japan. It is nationally designated as a national monument.

Onbashi in Taishakukyō Gorge

Chapter 2
History of Hiroshima

Yamato Museum (top),
Kurushima-kaikyō Ōhashi Bridge (bottom)

【広島の歴史】

　戦国時代の大名、毛利輝元が築城した広島城が、現在の広島という地名のルーツと言われています。江戸時代には、備後の国の福山藩、安芸の国の広島藩などがありました。明治維新後、廃藩置県により現在の広島県域が固まります。

● わからない語は巻末のワードリストで確認しましょう。

- □ shrine
- □ worship
- □ ruler
- □ transportation
- □ clan
- □ navy
- □ Ground Zero
- □ leukemia
- □ victim
- □ rehabilitation

● 主な地名および名称、固有名詞

□ Itsukushima Shrine	嚴島神社
□ Miyajima	宮島
□ Taira no Kiyomori	平清盛
□ Mōri Motonari	毛利元就
□ Daiganji Temple	大願寺
□ Kūkai (Kōbō Daishi)	空海（弘法大師）
□ Five-storied Pagoda and Senjōkaku	五重塔と千畳閣
□ Toyotomi Hideyoshi	豊臣秀吉
□ Mōri Terumoto	毛利輝元
□ Sengoku period	戦国時代
□ Oda Nobunaga	織田信長
□ Tokugawa Ieyasu	徳川家康
□ Fukushima Masanori	福島正則
□ Meiji Restoration	明治維新
□ Satsuma	薩摩藩
□ Chōshū	長州藩
□ Murakami Navy	村上水軍
□ Sadako Sasaki	佐々木禎子

Itsukushima Shrine in Miyajima, a place of worship since ancient times

You can take a train run by Hiroshima Electric Railway or travel on the San-yo Line for about one hour to get to Miyajima Island.

On the island, there is a shrine that has been a site of worship for people who have traveled to Seto Inland Sea for more than 1,000 years.

It is called Itsukushima Shrine and has been designated as a World Heritage Site.

The shrine was built on Miyajima Island, which is to the west of Hiroshima City, and it is renowned for its splendorous building that was built in such a way as to extend out over the Seto Inland Sea. It is especially famous for its big gate (*torii*) that was built in the sea. The *torii* indicates the entrance to the asylum of the shrine.

The following is a brief history of Itsukushima Shrine.

The area in which Itsukushima Shrine is located was a well-known salt production site in the past. It is said that the shrine was built at the end of the 6th century.

The building was built to appear as if it were extending out over the sea because Miyajima Island itself has been worshiped as a place where a god resides since ancient times. In order to build a shrine at which to pray to the god without violating the sacred island, the shrine had to be constructed in the sea beyond the confines of the island.

Taira no Kiyomori (1118–1181), who was the then ruler of Japan, worshiped fervently at this shrine, and during the 1160s, he contributed to the construction of the magnificent building that stands there today. Kiyomori regarded the island as an important part of the trade route that he established across the Seto Inland Sea.

China was ruled by the Song dynasty at the end of the 12th century when Taira no Kiyomori played an active role in Japan.

Kiyomori developed a transportation network across the Seto Inland Sea to expand trade between Japan and the Song dynasty in China. Miyajima became a key location along this trade route.

When you visit Miyajima Island and Itsukushima Shrine, deer will welcome you. The deer have lived there since olden times and have long been cherished as messengers of the god.

Deer near the *torii*

The Itsukushima Shrine building has been damaged several times due to natural disasters since the time of Taira no Kiyomori. Various rulers have repaired the damaged building from time to time and have also rebuilt the big *torii*. Especially Mōri Motonari, who was an enthusiastic worshipper at Itsukushima Shrine believed the god helped him to defeat a large force led by his rival in Miyajima when he was trying to expand his power.

Now Itsukushima Shrine, which is on a quiet shore of the Seto Inland Sea, has become an appealing spot for sightseeing in Hiroshima and is the most representative of the beautiful shrines that can found in Japan.

Getting to know Miyajima

Getting to Miyajima

Leaving Hiroshima Station, take the San-yo Line to Miyajimaguchi Station (30 minutes), and then catch the ferry. The ride to Miyajima port takes 10 minutes, so the whole trip takes about 40 minutes.

From Hiroshima Airport, take an airport limousine bus to Hiroshima Station (about 45 minutes), next travel on the San-yo Line to Miyajimaguchi, and then catch the ferry. The whole trip takes about one and a half hours.

Location of Miyajima

Miyajima is located in the western part of Hiroshima Bay, which is famous for cultivating oysters and laver. It is only 10 minutes' ferry ride (1800 m) from the mainland. This beautiful island is one of the so-called three most famous scenic places in Japan.

The Wonders of Nature in Miyajima

Untouched forests cover the island that is designated as a natural island. The whole island is made up of granite, and the highest mountain is Misen (535 m). There is a ropeway that takes you to the summit. The scenery of the Seto Inland Sea seen from the summit is exceptional. Since ancient times,

Sanki-gongendō Temple at Mt. Misen

the whole island has been a sacred place—that is why rich nature is still preserved to this day.

Miyajima Omotesandō

Many souvenir shops stand in a row along Omotesandō (the front approach to the shrine) from the pier to Itsukushima Shrine, where you can buy local specialties like rice scoops and *Momijimanjū* (a maple-leaf-shaped steamed bun). Houses and shops along Miyajima Machiya Street greet visitors by lighting *andon* (paper-framed lamps) in the evening.

Shrines and Temples in Miyajima

In addition to Itsukushima Shrine, several other shrines and temples are nested in Miyajima.

Daiganji Temple: Deeply connected to the Itsukushima Shrine, the temple has been responsible for constructing and repairing Itsukushima Shrine and many other religious buildings since around the 13th century until the Edict for Separation of Shinto and Buddhism was issued in 1868.

The temple has four Buddhist statues nationally designated as Important Cultural Properties, and the wooden seated statue of Yakushi Nyorai (the Healing Buddha) is said to have been made by Kūkai (a.k.a. Kōbō Daishi; 774–835).

Chapter 2 History of Hiroshima

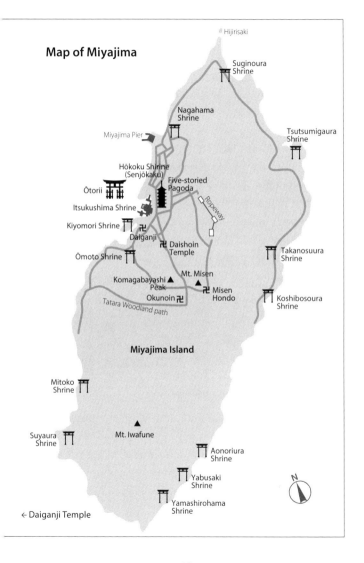

Five-storied Pagoda and Senjōkaku: On the plateau to the left of Itsukushima Shrine is a five-storied pagoda. It is a magnificent vermilion-lacquered structure built in 1407. Senjōkaku was built by Toyotomi Hideyoshi as a memorial monument for the repose of the war dead, though it remains unfinished because he died before its completion. Gold leaf has been added to some parts of the buildings, so it would have been impressive and flamboyant had it been completed.

Daishō-in Temple: Located to the west of Itsukushima Shrine, Daishō-in Temple was built by Kōbō Daishi after he had completed a 100-day-long ritual in Misen in 806. It was responsible for the rites and festivals of Itsukushima Shrine until the Meiji Restoration.

The Origins of Hiroshima City

Hiroshima City does not have such a long history when compared to other areas in Hiroshima Prefecture.

Mōri Terumoto (1553–1625), who was a feudal lord, reclaimed this area at the end of the 16th century and built a castle there. That castle is the origin of Hiroshima City.

Prior to the building of the castle at Hiroshima, the Mōri family had already grown to become a powerful feudal dynasty that governed most of the Chugoku region by the middle of the 16th century.

Mōri Motonari (1497–1571), who was Terumoto's father, established the family's power at a time when Japan was going through an era of warfare that is called the

Sengoku period (The Age of Warring States) and a lot of feudal lords were fighting for supremacy.

Around 1497, when Motonari was born, the Mōri family only controlled a small area, which is now a part of the western area of Hiroshima Prefecture. However, over the next few years Mōri Motonari beat his rivals in the Chugoku region one after another and expanded his power not only throughout the Chugoku region, but also into the northern area of Kyushu to establish a powerful dominion in the 1560s. He was a hero who represented the Sengoku period.

Then, around 1571, the situation in Japan started to change rapidly when Mōri Motonari died. Oda Nobunaga (1534–1582) was struggling to gain power mainly in the Kyoto and Nagoya area, and gradually started to expand his orbit in an attempt to conquer the whole of Japan. So, the region that was ruled by Mōri Terumoto gradually began to be oppressed by Nobunaga's troops.

However, Oda Nobunaga was killed in 1582 in Kyoto at the age of 49 by a follower who betrayed him. Toyotomi Hideyoshi (1536–1598), who was a competent follower of Nobunaga, took on Nobunaga's ambition to conquer all of Japan and unify the country.

As for Mōri Terumoto, he gave up opposing Hideyoshi's large number of strong troops and decided to become a subordinate feudal lord and rule the Chugoku region under Hideyoshi's hegemony. After that, he created a foothold in Hiroshima as a powerful feudal lord.

As Hiroshima is on a delta formed by the

Ōtagawa River and faces the Seto Inland Sea, it is easy to defend and is an appropriate location for a trade and transportation hub. Therefore the city of Hiroshima flourished in its current location.

The Origins of the Hiroshima Clan

After Toyotomi Hideyoshi died in 1598, Japan fell again into political turmoil. Tokugawa Ieyasu (1542–1616) led some of the disunited followers of the Toyotomi family and gained hegemony of Japan as the first Shogun in 1603.

Unfortunately, Mōri Terumoto belonged to the group that opposed Tokugawa Ieyasu, so he fell from grace and became a lower-ranked feudal lord over an area that is present-day Yamaguchi Prefecture. Fukushima Masanori, one of the followers of Ieyasu, was designated to govern Hiroshima as the feudal lord in his place.

However, Fukushima Masanori was also one of the chief retainers of the Toyotomi family. Tokugawa Ieyasu completely destroyed the Toyotomi family in 1615. Then, after Ieyasu died in the following year, the Tokugawa administration started to liquidate the samurai lords who had been the chief retainers of Toyotomi Hideyoshi. So, Fukushima Masanori fell from power in 1619. He was practically imprisoned in current Nagano Prefecture and died there.

After that, the Hiroshima clan developed the city of Hiroshima which was centered on the castle where Lord Asano's family resided until the start of the Meiji Restoration in

1868. The Hiroshima clan played an important role in the defense of the Chugoku region under the Tokugawa Shogunate that Ieyasu had established.

When the Tokugawa Shogunate collapsed in 1867 and the Meiji Restoration began in the following year, two feudal lords in western Japan took on significant roles. One of them was from the Satsuma clan in the south of Kyushu that was governed by the Shimazu family. The other one was from the Chōshū clan, which was governed by a descendant of Mōri Terumoto.

The Seto Inland Sea and Its History

Therefore, in the area around Hiroshima City, you can find various things and culture related to the travel of the people from ancient times.

Fishing boats in the Seto Inland Sea

The Seto Inland Sea is a narrow channel nearly 500 km long that extends from Kyushu to Osaka and there are a lot of islands in the Sea. The waves of the inland sea are mild and the rough surges of the Pacific Ocean and the swells caused by the winter wind in the Sea of Japan cannot reach the Seto Inland Sea.

There are still fishing villages along the shores and bays that make their living from marine products.

When a ship enters the Seto Inland Sea, even in bad weather such as a thick fog, it can transport goods and people between the islands if it navigates with care.

Japan assimilated aspects of the civilizations of China and Korea in ancient times.

The first wave of contact occurred in Kyushu, which is near the Asian Continent. People brought various items and their cultural practices from the continent to the Kansai region via the Seto Inland Sea and then to areas further inland.

Thus the Seto Inland Sea became an important channel for trade with Japan. Until 1868, the capital of Japan was located in Kyoto. However, before the capital was transferred to Kyoto, the palace where the Emperor resided was situated in Nara and other locations in the Kinki region.

In ancient Greece, people could freely move to and fro across the Mediterranean Sea for trade by traveling from one Aegean island to another. The Seto Inland Sea is also an inland sea like the Aegean Sea.

In both these inland seas the navy (*suigun*) played an important role in trade. A navy was needed to defend the trade routes in the Aegean Sea. It was the same for the Seto Inland Sea. In the medieval era, the Murakami Navy was active in the area between the current Hiroshima Prefecture and Ehime Prefecture which is on the opposite side of the Seto Inland Sea from Hiroshima. The Murakami Navy was paid by the ships that sailed across the Seto Inland Sea to secure the safety of the trade routes. This reminds us of how the Phoenicians in ancient times maintained a powerful navy in the Mediterranean Sea based at Cartago.

However, the Murakami Navy did not establish a powerful nation like the Phoenicians. Rather they cooperated with the Mōri family and others and acted as a local clan that pursued profit from maritime transportation.

There is a town called Onomichi, which faces the Seto Inland sea and is 80 km from Hiroshima City. Onomichi is now linked with Ehime Prefecture via bridges that connect the islands between them. The bridges constitute the Onomichi–Imabari Route, as part of the Honshu–Shikoku Bridge project.

The islands between Onomichi and Shikoku Island are located in the area where Murakami Navy was active. It is said that the Murakami Navy began their activity in this area around the 12th century and temporarily had control over the Seto Inland Sea.

View of Onomichi Channel

CHAPTER 2 HISTORY OF HIROSHIMA

After the Sengoku period ended and Japan was integrated into a united nation, the Murakami Navy gradually lost its power.

Various stories related to the history of trade in the Seto Inland Sea live on in the area around Hiroshima such as Miyajima and Onomichi.

Fukuyama City is at the eastern end of Hiroshima Prefecture, further east beyond Onomichi.

Fukuyama is famous for its castle which was built during the Edo era and which can be seen from the Shinkansen station. When you travel from the center of Fukuyama City to the shore of the Seto Inland

View of Tomonoura

Sea, you can trace the history of the trade here in the old days as well as enjoy the scenic sights of the Seto Inland Sea such as the Tomonoura area where the excellent atmosphere of an old port has been maintained since the Edo era.

Hiroshima and the Atomic Bomb

When the Tokugawa Shogunate collapsed in 1867 and modernization began in Japan, Hiroshima and the area around it was developed as a military stronghold that exploited its location alongside the inland sea.

Kure City, which is a town to the southeast of Hiroshima City, was developed as a stronghold of the navy. One of the greatest shipbuilding facilities in the Orient was built here and the naval academy was established on Etajima Island near Kure City for the education and training of naval officers. Kure was a naval port and naval factories were located there until the end of World War II.

In the area that includes the current Shimane Prefecture which is in the north of Hiroshima Prefecture, Japanese traditional iron-making technology developed because the raw materials were available in the area. So, based on this tradition, a lot of the warships of the Imperial Japanese Navy were built in the shipyards in Kure.

The battleship *Yamato*, which was sunk near Okinawa in the last phase of the Pacific War was

Shipyards in Kure

also built in Kure.

Also in Hiroshima, which was a stronghold of the Imperial Japanese Army and Navy until the end of World War II, there were a lot of military facilities. In addition, Hiroshima was a political, economic, and educational center for the Chugoku region.

However, Hiroshima had not suffered air raids like the other key cities in Japan and the people had lived in relative calm.

August 6th, 1945. On this day, the Seto Inland Sea was brightly reflecting the summer sunlight. Ripples were lapping the quiet beach in a constant rhythm.

In the final phase of the Pacific War, civilians and students were mobilized and engaged in war work such as weapon production in the factories. Hiroshima was

Chapter 2 History of Hiroshima

Nuclear mushroom cloud taken from Enola Gay on August 6, 1945

no exception. Work in most of the factories started at 8 o'clock in the morning and the people would work in silence.

At 8:15 am, a while after the bell had rung to start work, a bomb exploded above everyone's heads. And thus, the curtain of the tragedy that would make Hiroshima well known all over the world was raised.

An atomic bomb nicknamed "Little Boy" had been dropped from a U.S. bomber B-29. The bomber was named "Enola Gay" after the mother of the captain.

A fisherman was looking towards

Hiroshima from across the sea.

He froze where he was standing while holding the oar of his boat when he saw the bright light and felt the shock. He continued to look in the direction toward Hiroshima for a moment but was unable to see what was going on.

The Seto Inland Sea was calm and quiet. However, the people on the ground were suffering from shock and a pain that cannot be expressed by any words.

The ground in the center of Hiroshima City was blown away by a hot wind of 2000°C or more and almost all the people were killed. Buildings were burned to ash before they were able to catch fire. The roof tiles of the buildings melted and twisted out of shape. On a wall of a building that was barely left standing, a shadow of a person

Chapter 2 History of Hiroshima

Ruin of Hiroshima Prefectural Industrial Promotion Hall at "Ground Zero"

who was burned away by the heat wave was left as a shadowgraph.

It is not so hard to imagine how cruel this was if you imagine falling into a high-pressure, high-temperature blast furnace.

There is a word "Ground Zero."

This word denotes the place where the atomic bomb exploded. Almost all the people within 500 meters of Ground Zero were killed at the moment of the blast. Many of the survivors would soon die after suffering severe burns and suffering radiation sickness.

Even the facilities of the municipality and the armed forces were destroyed; it was impossible to conduct any rescue activities systematically. Some of the burnt people managed to reach the banks of the Ōtagawa River to drink the river water while enduring the pain. Their skin was covered in sores. Some were groaning with eyeballs or parts of their guts hanging out of their bodies.

The situation was not so different within the area 1 km from Ground Zero. The people in the outer area also suffered the after-effects of the bombing and keloid scars caused by the burn.

A while after the atomic bomb had exploded, the dust and ash that had been blown upwards by the rapid current of air, cooled and began to fall like rain. The rain

Chapter 2 History of Hiroshima

Aioibashi Bridge towards the Atomic Bomb Dome in October, 1945

Burned down Hiroshima Electric Railway on August 12, 1945

contained radioactive materials and came to be known as "black rain." A lot of people who were under the rain would later suffer from radiation sickness.

More than 100,000 people are said to have died within three months after the atomic bomb had been dropped.

After that, not only the people who had directly suffered the bombing, but also the children who were in their mothers' wombs at the time of the bombing had to live with the fear and realities of radiation sickness and after-effects such as leukemia and were severely damaged in both body and soul.

The United States, along with the United Kingdom and China, issued the Potsdam Declaration to Japan on July 26th, 1945.

The declaration warned that Japan would be thoroughly destroyed if it did not surrender.

The Japanese government that had continued to fight a hopeless war was determined to ignore this declaration. The United States decided to use the atomic bomb the development of which had only recently been completed because it did not want the war with Japan to continue any longer.

It is controversial as to which side should be blamed for the slaughter.

Who should be blamed: the Japanese government that was continuing a hopeless war, or the United States that indiscriminately killed innocent civilians? The argument regarding the responsibility has not yet been settled.

It is a fact that Nagasaki was bombed by the atomic bomb three days after Hiroshima and then the Japanese government decided to surrender. Also, it is a fact that the number of victims of the war did not increase any more on either side because Japan surrendered.

However, even taking these facts into consideration, the atomic bomb dropped on Hiroshima had such cruel consequences. The people were civilians without any political clout. The elderly, children, and even babies who had just been born were lost their lives.

Enola Gay also dropped a device by parachute to measure the effectiveness of the atomic bomb. After the war, many scientists and doctors visited the site to collect materials for analysis in order to gather scientific data about the potential outcome of a nuclear war in the future. It could be argued that it was an experiment on human beings conducted on the largest scale in history.

Since that event, all the tragedies and weaknesses of human beings have become the concern of everyone around the world.

Since the atomic bomb was dropped, Hiroshima City, which is a core city in the area of the Seto Inland Sea, has become known as a symbol of the prayer for world peace.

Today, the Atomic Bomb Dome, the remains of Hiroshima Prefectural Industrial Promotion Hall that was the only building left at Ground Zero, is registered as a

UNESCO World Heritage Site. The area around it was developed into the Hiroshima Peace Memorial Park.

The Hiroshima Peace Memorial Museum is situated in the Hiroshima Peace Memorial Park. You can visit it to see materials that show you the tragedy of the time.

August 6 is memorialized as the day of the atomic bombing, and a Peace Memorial Ceremony is held every year. People not only from Japan, but from all over the world gather in Hiroshima to pray for the victims of the bomb under the banner "No More Hiroshima." Also in Nagasaki, a Peace Memorial Ceremony is held on August 9. Many people hope that these two cities will be the last cities to be destroyed by a nuclear weapon.

Peace Memorial Park

The park is located on the delta between the former Ōtagawa River and the Motoyasu River. It was opened in 1949 to preserve the area surrounding Ground Zero as a symbol of world peace. The park contains facilities such as the Atomic Bomb Dome, the Hiroshima Peace Memorial Museum, the Cenotaph for A-bomb Victims, and the Children's Peace Monument.

Atomic Bomb Dome

A steel-frame dome ruin of the former Hiroshima Prefectural Industrial Promotion Hall, which was designated a UNESCO World Heritage Site in 1996. This building, which is to the south of the Aioi Bridge, has been preserved to remind the world of the devastating effect of an atomic bomb. The dome is sometimes called a "negative" world heritage.

CHAPTER 2 HISTORY OF HIROSHIMA

The Hiroshima Peace Memorial Museum

The Hiroshima Peace Memorial Museum shows what Hiroshima was like before and after the atomic bombing through photos and other materials that show the terrible aftermath. The building is nationally designated as an important cultural property. World leaders and celebrities often visit the museum to renew their wish for peace.

Cenotaph for A-bomb Victims

A list of the names of all the A-bomb victims is stored in the center of the cenotaph. The roof is canopy-shaped to protect their souls from the rain.

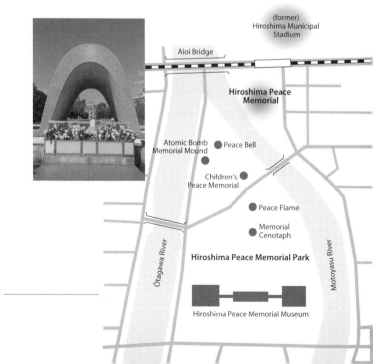

Sadako's Story

Sadako in kimono, in March 1955

After the ravages of the war, Hiroshima City was gradually rehabilitated.

As the rehabilitation progressed in Hiroshima, a movement to pass on the memory of the tragedy of the atomic bomb spread in Hiroshima and Nagasaki, and a lot of storytellers made many speeches not only in various places in Japan, but also abroad.

Sadako Sasaki's story is one of the impressive stories that were told by these storytellers.

Just as Anne Frank's diary, which was written by a 15-year-old girl who was a victim of the Nazi Holocaust and died of typhus in a concentration camp, has made an impression on people all over the world, the story of Sadako Sasaki, another young girl who was victimized by war, has now been inherited by a lot of people.

Sadako Sasaki developed leukemia after experiencing the atomic bomb blast and died when she was 12 years old.

She was a bright girl and went to school even after she had endured the devastation of atomic bomb. However, Sadako was diagnosed with leukemia in November 1954, nine years after the bombing, and then she was hospitalized in Hiroshima Atomic-bomb Survivors Hospital. Her sickness was caused by the "black rain" that had showered on her in a location 1.7 km from Ground Zero. On October 25th of the following year, less than one year after diagnosis, she died.

While in hospital, she continuously made paper cranes along with other patients who had been hospitalized due to the after-effects of the bombing. The paper cranes were later presented to various parties as her keepsake.

It is said that she continuously made paper cranes passionately with the other patients because she believed that the sickness would be cured when she had created one thousand paper cranes.

In Peace Memorial Park, there is the Children's Peace Monument which stands as a symbol of peace. Sadako Sasaki was the model for this monument.

The story of Sadako Sasaki, which represents the fear of the after-effects of the atomic bomb has been novelized and read by people all over the world.

After the atomic bomb was dropped and Japan regained peace, the surviving family of Sadako and a lot of survivors of the bombing became storytellers so that they could tell others about their fear of the atomic bomb to the world.

Now the word "Hibakusha," which means "survivor of the atomic bombing," has become part of the English language. Also, a statue of Sadako Sasaki was erected in Peace Park in Seattle. The name "Hiroshima" is engraved on the hearts of people around the world who wish for peace.

Today, the survivors of the atomic bombing have aged and the number of storytellers has decreased. It is an important challenge for human beings

A life size bronze of Sadako at Peace Park in Seattle

to find a way to pass on knowledge of the tragedy of Hiroshima and Nagasaki for the future.

On May 27th, 2016, Barack Obama was the first active president of the United States to visit Hiroshima and while there he called for the abolition of nuclear weapons. This visit is considered to be the result of the efforts of the people of the city.

Children's Peace Monument

A monument to console the child victims of the atomic bombing. Origami cranes are dedicated to the monument throughout the year as a symbol of peace. The number of cranes can be in the tens of millions every year.

Present-day Hiroshima

Hiroshima underwent a dramatic rehabilitation after the war.

In Hiroshima, a festival called "Ebessan" has been held since the Edo period. It is a major festival of the Ebisu Shrine which is located in Naka-ku in Hiroshima City and it is held for four days from November 17th every year to wish for the flourishing of business for local stores.

The shrine was completely blown away by the atomic bomb. However, the people built a temporary building to continue to hold the festival that had been held

Present Hiroshima

since 1603 without interruption.

Thus, the people continued with great strength in their dedicated efforts toward rehabilitation.

The population of Hiroshima City, which had decreased due to the atomic bombing, returned to its pre-war level in 1958. In 1980, the city became the 10th ordinance-designated city and its population at that time was in excess of one million. An ordinance-designated city is a big city that is allowed to enforce autonomy by setting up wards (referred to as *"ku"* in Japanese) within its area.

Hiroshima down town

CHAPTER 2 HISTORY OF HIROSHIMA

Hiroshima district

Hiroshima Prefecture is currently the 11th largest economy in Japan and has a gross domestic product of more than 10 trillion yen annually.

Nowadays, Hiroshima City is well known not only as a place that was once destroyed by the atomic bomb, but also for being the location of a lot of companies and organizations that play an active role in business and sports activities.

Hiroshima City is a town full of streetcars, which is a rare sight in Japan these days. The tramlines are operated by Hiroshima Electric Railway, which is renowned for not only using its own original vehicles, but also streetcars that have been retired in the other cities in Japan. Railway enthusiasts enjoy seeing streetcars that are no longer in service in cities such as Kyoto, Osaka, and Fukuoka running through the town.

In addition, you can see some streetcars

Streetcars seen in Hiroshima

that survived the atomic bombing still running in the town.

Now the city of Hiroshima is filled with liveliness and you can see a lot of people and automobiles tirelessly coming and going through the streets at the foot of the buildings, just as if the city had always continued to exist without having been destroyed by the atomic bomb 72 years ago. At night, many business persons and young people go out to enjoy the bright lights of the city. Thus, Hiroshima City is a typical regional core city in Japan.

Streetcar destroyed by the atomic bombing on August 6, 1945

Chapter 3
The Real Face of Hiroshima

Hiroshima Peace Memorial Park (top),
All-night light in Tomonoura (olden days) (bottom)

【広島の見所】

広島県は世界遺産や数々の国宝を有するだけではありません。瀬戸内海と中国山地に挟まれた立地上、海辺へも渓谷へも羽を伸ばしに出かけることができます。市内を走る路面電車目当てに訪れる人もいれば、カープやサンフレッチェ広島のファンの聖地でもあります。

●わからない語は巻末のワードリストで確認しましょう。

- ☐ championship
- ☐ league
- ☐ oyster
- ☐ characteristic
- ☐ carp
- ☐ waterfall
- ☐ suburban
- ☐ dialect

●主な地名および名称、固有名詞

☐ Hiroshima Commercial High School	広島商業高校
☐ Kōryō High School	広陵高校
☐ Hiroshima Toyo Carp	広島東洋カープ
☐ Rijō	鯉城
☐ Central League	セントラルリーグ
☐ Pacific League	パシフィックリーグ
☐ Sanfrecce Hiroshima	サンフレッチェ広島
☐ Saijō Sake	西条酒
☐ Tōkasan Festival	とうかさん
☐ Asano Nagaakira	浅野長晟
☐ Enryūji Temple	圓隆寺
☐ Inari Shrine	稲荷神社
☐ Sumiyoshi-san Festival	すみよしさん
☐ Sumiyoshi Shrine	住吉神社
☐ Ebisu Shrine	胡子神社
☐ Ebessan	えべっさん

Hiroshima and Sports

A lot of people think that Hiroshima is a prefecture that is strong in baseball.

This impression is derived from the good results in the National High School Baseball Championship held in the spring and summer that have been achieved by teams in the prefecture such as Hiroshima Commercial High School and Kōryō High School.

In addition, Hiroshima Toyo Carp, which is the local professional baseball team, demonstrates the enthusiasm for baseball in Hiroshima.

Hiroshima Toyo Carp is based at the Mazda Zoom-Zoom Stadium in Hiroshima City.

Hiroshima Toyo Carp was established

Stadium of Hiroshima Toyo Carp

in 1950. The team was initially named Hiroshima Carp the word "Toyo" was added in 1968, when a local manufacturer Toyo Industries (now the automaker Mazda) became the large stockholder in the team.

By the way, why was "Carp" adopted as the nickname of the team?

In Japan, there is a phrase "carp climbing up a waterfall," which refers to rising to the challenge when facing difficulty.

Hiroshima Castle, which was destroyed by the atomic bomb, was known as "*Rijō*" (meaning "Carp Castle"). Although it is said that this name was adopted because a lot of carp were fed in the moat surrounding the castle, the actual reason is unknown.

However, when a professional baseball team was established in Hiroshima as a symbol of post-war rehabilitation, the people must have been thinking of Hiroshima Castle and named the team "Hiroshima Toyo Carp" to signify their desire for the restoration of Hiroshima which was destroyed by the atomic bomb.

In Japan, there are two professional baseball leagues: the Central League and the Pacific League. Hiroshima Toyo Carp developed as a local team belonging to the Central League and because of the fervent love for the team among the citizens of Hiroshima, the team is referred to as a civic baseball team. The team hardly won a game just after it was established and its existence was jeopardized several times due to financial problems. However, the team overcame those adversities.

Then in 1975, the team won the Central League Championship for the first time and went on to win the Japan Series in 1979. Like the carp referred to in the phrase, the team overcame some tough situations and climbed up the waterfall.

As the Hiroshima Toyo Carp players wear a uniform with a design that uses red as the prevailing color as well as a red helmet, the team is also called *"Akaheru Gundan"* (meaning "red helmet troops").

There is also a professional football club, Sanfrecce Hiroshima. This club originated from Mazda's company football club which was established in 1938. When a professional football league was established in Japan in 1991, the club joined the J1 league as one of the original ten clubs in the country.

Also in Hiroshima, there are various professional sports teams such as women's football and basketball teams.

Foods in Hiroshima

When talking about foods in Hiroshima, there are two well-known foods. One is oysters and the other is Hiroshima-style *okonomiyaki*.

Hiroshima, which faces the calm Seto Inland Sea is the biggest oyster production area in Japan; more than 50 per cent of the oysters in Japan are produced in Hiroshima.

Hiroshima has become a major production area for oysters because, although there is a tide in the Seto Inland Sea, the surface of the sea is calm. In addition, in the vicinity of Hiroshima, mountains jut out toward the sea to create an intricate topography. Also, there are a lot of rivers that transfer fresh water to the sea. These environmental conditions are ideal for the development of oysters.

You can enjoy oysters raw with soy sauce, baked, or in a hot pot. They are also used as an ingredient in many Japanese dishes.

Hiroshima-style *okonomiyaki* is another notable food in Hiroshima.

Like ramen noodles, *okonomiyaki* is one of cheap yet tasty local foods that are so loved by Japanese people. It is made

Chapter 3 The Real Face of Hiroshima

by cooking vegetables and meat mixed in a thin flour dough paste on a heated steel plate and seasoning it with mayonnaise and green laver powder as well as *okonomi* sauce that is especially made for *okonomiyaki*. Although it could be said that *okonomiyaki* is a kind of Japanese-style pizza, it is baked not in an oven but on a heated steel plate.

Okonomiyaki, Hiroshima's soul food

A key characteristic of Hiroshima-style *okonomiyaki* is that it contains Chinese noodles and bean sprouts, which are rather uncommon in the *okonomiyaki* from other regions. There are a lot of bars and restaurants in downtown areas such as Yagenbori and Nagarekawa where you can enjoy

Hiroshima-style *okonomiyaki*.

Hiroshima Prefecture is also a key producer of Japanese beef that is called Hiroshima beef. There are some restaurants that specialize in Hiroshima beef in Naka-ku, which is the central district of Hiroshima City. Furthermore, you can enjoy sea foods everywhere in Hiroshima Prefecture, which faces the Seto Inland Sea. Types of fish that are indispensable to Japanese cuisine, such as bream, flounder, sardine, and halfbeak, are always caught and unloaded in this area.

Saijō Sake

People in the Saijō Basin began to make sake (Japanese rice wine) around 1650, and Saijō is now among the three major sake-producing areas in Japan, the other two being Nada in Hyogo Prefecture and Fushimi in Kyoto Prefecture. *Kuramoto* (sake brewers) stand along

Visiting the Islands

To enjoy your travels in Hiroshima Prefecture, it is recommended that you visit the islands in the Seto Inland Sea to see the beautiful fishing villages. There are more than 140 islands in Hiroshima Prefecture alone. And there are more than 280 islands including those on the Ehime Prefecture side of the Sea scattered throughout the narrow channel.

Mitake Shrine worship the sake god

Sakagura-dōri Street where you can enjoy tasting free samples of sake. The town holds a Sake Festival in October every year.

You can enjoy a seagoing experience on the community route that connects the islands and fishing villages, such as the regular route from Tomonoura where the appearance of the suburban village has remained the same since the Edo era, to Onomichi, which is a town of hills and loved by a lot of writers.

Alley of literature, *Bungaku-no-komichi*, Onomichi

Onomichi

Onomichi is also known as a temple town. While walking on stone-paved streets, you can see all the main temples and shrines in Onomichi. If you want to enjoy a full view of the town, take the ropeway to Senkōji Temple or climb to the top of Jōdoji Mountain.

Three-stories pagoda of Tenneiji Temple

Festivals in Hiroshima

In Hiroshima, there are three major festivals for the people who enjoy in each of the four seasons of the year.

The beginning of summer is the time when the Tōkasan Festival is held. This is a summer festival of the Enryūji Temple that was introduced in 1619 by Asano Nagaakira who became the lord of Hiroshima Castle. It is held for three days from the first Friday of June every year. To be exact, it is a festival of the Inari Shrine that is located in the Temple. During the festival period, a lot of booths are set up to sell the "Hama Uchiwa" (meaning "exorcizing fan") as a lucky charm for family well-being, health, and a long life.

It is said that the festival is the start of

summer in Hiroshima and the people wear *yukata* for the first time in the year during the Tōkasan Festival.

Next, the Sumiyoshi-san Festival is held on June 14th and 15th (under the old lunar calendar). This festival is held in Sumiyoshi Shrine, which is located in Naka-ku Sumiyoshi-chō, to clean the filth that has accumulated in the body during the first half of the year and start the latter half of the year with a fresh mind.

To purify themselves from sin, people float paper dolls on which they have written their names and age down Honkawa River after stroking and breathing on the doll. It's a feature of summer in Hiroshima.

And when fall deepens, the major festival

of Ebisu Shrine in Naka-ku, Hiroshima City is held for four days from November 17th. This festival, which is known as "Ebessan," is famous for the decorated rake (*Komazarae*) that is a symbol of wealth. Ebisu shopping street, which is situated in front of Ebisu Shrine, runs discount sales during the festival period and the Chūō Dōri Avenue becomes a pedestrianized precinct.

In the fall, a festival is held in Tomonoura, a suburban village on the shore near Fukuyama City. During the festival a pageant called "Chōsai" marches along the street. In addition, various other traditional festivals are regularly held in various places in Hiroshima Prefecture.

Characteristics of the Hiroshima People

Some of the people who were born in other prefectures and who have lived in Hiroshima say that the Hiroshima people are too straightforward in expressing their feelings and are outspoken.

The Hiroshima dialect sounds similar to that in the Shikoku and Kyushu regions. Generally, it is said that the dialects in west Japan tend to sound offensive, therefore people speaking the Hiroshima dialect might be misunderstood by the people in Tokyo and east Japan.

If you were to ask a person in Hiroshima to explain the difference between the Bingo and Aki districts, they would not be able to give you a specific answer. A lot of people think that both of these areas represent Hiroshima. And generally, Japanese people do not have a clear idea about the characteristics of the Hiroshima people, unlike their opinions about the people in Kyushu and Osaka.

However, the people in Hiroshima have experienced a lot of surging waves of history and have persistently overcome them.

Hiroshima is a city of the tough people who rebuilt a town destroyed by the atomic bomb. Hiroshima is a city that supported Hiroshima Toyo Carp baseball team to overcome a lot of bankruptcy and liquidation crises to win the Japan Series. And home to Mazda, the company that once was in rough waters and accepted members from Ford Motors of the United States on its board but regained independence to continue to manufacture automobiles for the world.

Based on these examples, you can see that the people of Hiroshima are strong-minded.

It might be said that this characteristic is required by all the Japanese people around the world where the barriers of difference are vanishing.

Word List

- 本文で使われている全ての語を掲載しています (LEVEL 1, 2)。ただし、LEVEL 3 以上は、中学校レベルの語を含みません。
- 語形が規則変化する語の見出しは原形で示しています。不規則変化語は本文中で使われている形になっています。
- 一般的な意味を紹介していますので、一部の語で本文で実際に使われている品詞や意味と合っていないことがあります。
- 品詞は以下のように示しています。

名 名詞	代 代名詞	形 形容詞	副 副詞	動 動詞	助動 助動詞
前 前置詞	接 接続詞	間 間投詞	冠 冠詞	略 略語	俗 俗語
頭 接頭語	尾 接尾語	記 記号	関 関係代名詞

A

- **a** 冠 ①1つの、1人の、ある ②〜につき
- **a.k.a.** 略 《= as known as》〜の別名でも知られる、または名を
- **able to** ①《be –》(人が) 〜することができる ②能力のある
- **abolition** 名 廃絶
- **about** 副 およそ、約 前 〜について
- **above** 前 〜の上に
- **abroad** 副 海外で[に]
- **academy** 名 専門学校
- **accept** 動 受け入れる
- **access** 名 交通の手段
- **account for** 〜の割合を占める
- **accumulate** 動 蓄積する
- **achieve** 動 (勝利を) 勝ち取る
- **across** 前 〜を横切って、〜を渡って
- **act** 動 行動する
- **active** 形 活動的な、積極的な、現役の
- **actively** 副 活動的に
- **activity** 名 活動
- **actual** 形 実際の
- **add** 動 加える、足す
- **addition** 熟 in addition 加えて、さらに
- **administration** 名 政権
- **administrative** 形 行政の
- **adopt** 動 採択する
- **adversity** 名 逆境
- **Aegean Sea** エーゲ海
- **after** 前 ①〜の後に[で]、〜の次に ②《前後に名詞がきて》次々に〜、何度も〜《反復・継続を表す》 副 後に[で] after that その後 one after another 次々に、1つ[人]ずつ
- **after-effect** 名 後遺症、余波
- **aftermath** 名 (事件などの) 影響
- **again** 副 再び
- **against** 前 〜に反対して
- **age** 名 年齢 動 年をとる at the age of 〜歳のときに
- **ago** 副 〜前に
- **Aioi Bridge** 相生橋
- **air** 名 空気、空中 air raid 空襲
- **airport** 名 空港
- **Akaheru Gundan** 赤ヘル軍団

Word List

- **Aki** 名安芸《地名》
- **all** 形すべての, ~中 代全部, すべて(のもの[人]) **all over the world** 世界中に **almost all** ほとんどの
- **allegedly** 副~だといわれている
- **allow** 動許可する
- **allure** 動(人を)魅惑する
- **almost all** ほとんどの
- **alone** 副~だけで
- **along** 前~に沿って **along with** ~と一緒に, ~と共に
- **alongside** 前~のそばに
- **already** 副すでに
- **also** 副~も(また), ~も同様に 接その上, さらに
- **although** 接~だけれども, ~にもかかわらず
- **altitude** 名海抜
- **always** 副いつも, 常に
- **am** 動~である, (~に)いる[ある]《主語がIのときのbeの現在形》
- **ambition** 名大望, 野心
- **among** 前(3つ以上のもの)の間で[に], ~の中で[に]
- **an** 冠①1つの, 1人の, ある ②~につき
- **analysis** 名分析, 解析
- **ancient** 形古代の
- **and** 接①そして, ~と… ②《同じ語を結んで》ますます ③《結果を表して》それで, だから
- **andon** 名行灯《照明器具》
- **animal** 名動物
- **animated** 形アニメの
- **Anne Frank** アンネ・フランク《人名》
- **annually** 副毎年
- **another** 形①もう1つ[1人]の ②別の 代①もう1つ[1人] ②別のもの **one after another** 次々に, 1つ[1人]ずつ
- **answer** 名答え
- **any** 形《否定文で》何も, 少しも(~ない) **not ~ any more** もう[これ以上]~ない
- **appealing** 形魅力的な
- **appear** 動(~のように)見える
- **appearance** 名外見, 印象
- **approach** 名(~へ)近づく道
- **appropriate** 形適した
- **are** 動~である, (~に)いる[ある]《主語がyou, we, theyまたは複数名詞のときのbeの現在形》
- **area** 名①地域, 地方, 区域, 場所 ②面積
- **argue** 動主張する
- **argument** 名議論
- **armed** 形武装した
- **army** 名軍隊 **Imperial Japanese Army** 大日本帝国陸軍
- **around** 副①まわりに, あちこちに ②およそ, 約 前~のまわりに, ~のあちこちに
- **as** 接①《as ~ as …の形で》…と同じくらい~ ②~のとおりに, ~のように ③~しながら, ~しているときに ④~するにつれて, ~にしたがって ⑤~なので ⑥~だけれども ⑦~する限りでは 前①~として(の) ②~の時 副同じくらい 代①~のような ②~だが **A as well as B** BだけでなくAも, AもBも **as for** ~に関しては, ~はどうかと言うと **as if** あたかも~のように, まるで~みたいに **as to** ~に関しては, ~については **in such a way as to** ~するような方法で, ~するように
- **Asano** 名浅野(氏)
- **Asano Nagaakira** 浅野長晟《人名》
- **ash** 名灰
- **Asian Continent** アジア大陸
- **Asiatic black bear** ツキノワグマ

- □ **ask** 動尋ねる
- □ **aspect** 名様相, 特徴
- □ **assimilate** 動吸収する
- □ **asylum** 名聖域
- □ **at** 前①《場所・時》～に[で] ②《目標・方向》～に[を], ～に向かって ③《原因・理由》～を見て[聞いて・知って] ④～に従事して, ～の状態で
- □ **atmosphere** 名雰囲気
- □ **atomic bomb** 原子爆弾
- □ **attempt** 名試み, 企て
- □ **attract** 動引きつける
- □ **attraction** 名出し物, アトラクション
- □ **August** 名8月
- □ **automaker** 名自動車メーカー
- □ **automobile** 名自動車
- □ **autonomy** 名自治
- □ **autumnal** 形秋の
- □ **available** 形利用[入手]できる
- □ **avenue** 名《A-》～通り, ～街
- □ **away** 副離れて, 遠くに, 去って, わきに

B

- □ **B-29** 名B-29爆撃機
- □ **baby** 名赤ん坊
- □ **bad** 形悪い
- □ **bake** 動(パンなどを)焼く
- □ **bank** 名土手
- □ **bankruptcy** 名破産
- □ **banner** 名旗印, 理念
- □ **bar** 名酒場
- □ **Barack Obama** バラク・オバマ《人名》
- □ **barely** 副かろうじて
- □ **barrier** 名垣根, 境界
- □ **baseball** 名野球 National High School Baseball Championship 全国高校野球選手権
- □ **based at** 《be-》～に本拠地を置く
- □ **based on** ～に基づいて
- □ **basin** 名盆地
- □ **basketball** 名バスケットボール
- □ **battleship** 名戦艦
- □ **bay** 名湾, 入り江
- □ **be** 動～である, (～に)いる[ある], ～となる 助①《現在分詞とともに用いて》～している ②《過去分詞とともに用いて》～される, ～されている
- □ **beach** 名海辺, 浜
- □ **bean sprout** もやし
- □ **bear** 名熊
- □ **beat** 動打ち負かす
- □ **beautiful** 形美しい, すばらしい
- □ **beauty** 名美, 美しい物 Special Place of Scenic Beauty 特別名勝
- □ **became** 動become (なる)の過去
- □ **because** 接(なぜなら) ～だから, ～という理由[原因]で because of ～のために, ～の理由で
- □ **become** 動①(～に)なる ② becomeの過去分詞
- □ **beef** 名牛肉
- □ **been** 動be (～である)の過去分詞 助be (～している・～される)の過去分詞
- □ **before** 前～の前に[で], ～より以前に 接～する前に
- □ **began** 動begin (始まる)の過去
- □ **begin** 動始まる, 始める
- □ **beginning** 名初め, 始まり
- □ **being** 動be (～である)の現在分詞 名生命 human being 人, 人間
- □ **believe** 動信じる
- □ **bell** 名鐘
- □ **belong to** ～に属する

Word List

- **below** 前 ～より下に
- **betray** 動 裏切る
- **between** 前 (2つのもの)の間に [で・の] 間に between A and B AとBの間に
- **beyond** 前 ～を越えて, ～の向こうに
- **big** 形 大きい, 重要な
- **Bihoku** 名 備北《地名》
- **Bingo** 名 備後《地名》
- **black** 形 黒い
- **blame** 動 責任を～に負わせる
- **blast** 名 爆風
- **blow** 動 ～を吹き飛ばす blow away 吹き飛ばす
- **blown** blow (吹く)の過去分詞
- **board** 名 取締役会
- **boast** 動 誇る, 自慢の～を持っている
- **boat** 名 小舟, ボート
- **body** 名 体
- **bomb** 名 爆弾 動 爆発する atomic bomb 原子爆弾
- **bomber** 名 爆撃機
- **bombing** 名 爆撃
- **book** 名 書籍
- **booth** 名 売店
- **border** 名 境界, 国境
- **born** 動《be－》生まれる
- **both** 形 両方の, 2つとも both A and B AもBも
- **boy** 名 少年 Little Boy リトルボーイ《広島に投下された原爆のコードネーム》
- **bream** 名 タイ科の海産魚
- **breathe on** ～に息を吹きかける
- **brewer** 名 醸造者
- **bridge** 名 橋
- **brief** 形 手短な
- **bright** 形 ①まぶしい, 輝く ②元気のいい
- **brightly** 副 輝いて
- **bring** 動 持ってくる
- **brought** 動 bring (持ってくる)の過去, 過去分詞
- **Buddha** 名 仏陀《仏教の開祖》 Healing Buddha 薬師如来
- **Buddhism** 名 仏教 Edict for Separation of Shinto and Buddhism 神仏分離令
- **Buddhist** 形 仏教の
- **build** 動 建てる, 作り上げる
- **building** 動 build (建てる)の現在分詞 名 建物, 建造物
- **built** 動 build (建てる)の過去, 過去分詞
- **bun** 名 菓子パン
- **burn** 動 燃える, 燃やす 名 やけど
- **burnt** 動 burn (燃える)の過去, 過去分詞 形 やけどした
- **bus** 名 バス limousine bus リムジンバス
- **business** 名 ①仕事 ②商売
- **but** 接 ①でも, しかし ②～を除いて 前 ～を除いて, ～のほかは not only ～ but (also) … ～だけでなく…もまた not ～ but ～ではなくて…
- **buy** 動 買う
- **by** 前 ①《位置》～のそばに [で] ②《手段・方法・行為者・基準》～によって, ～で ③《期間》～までには ④《通過・経由》～を経由して, ～を通って 副 そばに, 通り過ぎて by the way ところで

C

- **calendar** 名 暦 lunar calendar 太陰暦
- **call** 動 呼ぶ call for ～を求める, 訴える

Exploring Hiroshima

- **calm** 形 穏やかな, 落ち着いた
- **came** 動 come（来る）の過去
- **camp** 名 収容所 concentration camp 強制収容所
- **campaign** 名 キャンペーン（活動, 運動）
- **can** 助 ①～できる ②～してもよい ③～でありうる
- **cannot** 助 can の否定形
- **canopy-shaped** 形 天蓋形の
- **capital** 名 首都
- **captain** 名 機長
- **car** 名 自動車
- **care** 名 注意
- **carp** 名 鯉
- **Cartago** 名 カルタゴ《地名》
- **castle** 名 城
- **catch** 動 ①つかまえる ②（乗り物に）間に合う catch fire 火がつく
- **caught** 動 catch（つかまえる）の過去, 過去分詞
- **caused by** ～が原因の
- **celebrity** 名 有名人
- **cenotaph** 名 慰霊碑
- **center** 名 中心, 中心地 動 ～を中心におく
- **central** 形 中央の, 主要な Central League セントラル・リーグ
- **century** 名 100年間, 1世紀
- **ceremony** 名 式典 Peace Memorial Ceremony 平和記念式典
- **challenge** 名 ①挑戦 ②難関 rise to the challenge 困難に立ち向かう
- **championship** 名 ①選手権 ②優勝者の地位 National High School Baseball Championship 全国高校野球選手権
- **change** 動 変わる
- **channel** 名 海峡
- **characteristic** 名 特徴
- **charm** 名 お守り lucky charm 幸運のお守り
- **cheap** 形 （値段が）安い
- **cherish** 動 大切にする
- **chief retainer** 家老
- **child** 名 子ども
- **children** 名 child（子ども）の複数 Children's Peace Monument 原爆の子の像
- **China** 名 中国《国名》
- **Chinese** 形 中国の
- **Chōsai** 名 チョウサイ《山車の一種》
- **Chōshū** 名 長州《地名》
- **Chugoku** 名 中国（地方） Chugoku Expressway 中国自動車道 Chugoku mountain range 中国山地
- **Chūō Dōri** 中央通
- **citizen** 名 市民
- **city** 名 市, 都市
- **civic** 形 市民の
- **civilian** 名 一般市民
- **civilization** 名 文明
- **clan** 名 氏族
- **class** 動 分類する
- **clean** 動 よごれを落とす
- **clear** 形 はっきりした
- **climate** 名 気候
- **climb** 動 登る
- **close to** 《be –》～に近い
- **clout** 名 影響力
- **club** 名 クラブ, 会
- **coast** 名 沿岸
- **coastal** 形 沿岸の
- **coexist** 動 共存する
- **collapse** 動 崩壊する
- **collect** 動 集める
- **color** 名 色

Word List

- **come** 動 ①来る, 行く ②~になる ③comeの過去分詞 **come and go** 往来する, 行き交う
- **commercial** 形 商業の **Hiroshima Commercial High School** 広島商業高校
- **community** 名 地域
- **company** 名 会社
- **compare** 動 比較する
- **competent** 形 有能な
- **complete** 動 完成させる
- **completely** 副 完全に
- **completion** 名 完成
- **composed of** 《be –》 ~から成り立つ
- **concentration** 名 集団 **concentration camp** 強制収容所
- **concern** 名 関心事
- **condition** 名 《-s》状況
- **conduct** 動 実施する
- **confine** 名 《-s》境界
- **connect** 動 つながる, つなぐ
- **conquer** 動 征服する
- **consequence** 名 結果
- **consider** 動 (~と)みなす
- **consideration** 名 考慮 **take ~ into consideration** ~を考慮に入れる
- **console** 動 慰める
- **constant** 形 一定の, 不変の
- **constitute** 動 構成する
- **construct** 動 建設する
- **construction** 名 建物
- **contact** 名 接触, 関係
- **contain** 動 含む, 入っている
- **continent** 名 大陸 **Asian Continent** アジア大陸
- **continue** 動 続く, 続ける
- **continuously** 副 絶え間なく
- **contribute** 動 貢献する
- **control** 動 管理[支配]する **have control over** ~を支配する
- **controversial** 形 議論の余地のある
- **cook** 動 料理する
- **cool** 動 冷える
- **cooperate** 動 協力する
- **core** 名 中心
- **could** 助 ①can (~できる)の過去 ②《控え目な推量・可能性・願望などを表す》
- **country** 名 国
- **cover** 動 覆う **be covered with** ~でおおわれている
- **crane** 名 ツル(鶴)
- **create** 動 創造する, 作り出す
- **crises** 名 crisis (危機)の複数
- **crisis** 名 危機
- **cross** 動 横切る, 渡る
- **cruel** 形 残酷な
- **cuisine** 名 料理
- **cultivate** 動 育成する
- **cultural** 形 文化の **Important Cultural Properties** 重要文化財
- **culture** 名 文化
- **cure** 動 (病気を)治す
- **current** 形 現在の 名 (空気などの)流れ
- **currently** 副 今のところ, 現在
- **curtain** 名 幕 **curtain of ~ is raised** ~の幕が上がる, ~が始まる
- **cycling** 名 サイクリング

D

- **Daiganji** 名 大願寺
- **Daishō-in** 名 大聖院
- **damage** 動 損害を与える

Exploring Hiroshima

- [ ] **dance** 名 舞踊
- [ ] **data** 名 情報, データ
- [ ] **day** 名 ①日 ②《-s》時代 these days このごろ
- [ ] **dead** 名《the ~》死者
- [ ] **decide to** ~することに決める
- [ ] **declaration** 名 宣言, 布告 Potsdam Declaration ポツダム宣言
- [ ] **deconstruct** 動 解体する
- [ ] **decorate** 動 飾る
- [ ] **decrease** 動 減少する
- [ ] **dedicate** 動 捧げる, 奉納する
- [ ] **deepen** 動 深まる
- [ ] **deeply** 副 深く
- [ ] **deer** 名 シカ (鹿)
- [ ] **defeat** 動 打ち負かす
- [ ] **defend** 動 防ぐ, 守る
- [ ] **defense** 名 守備
- [ ] **definitely** 副 限定的に
- [ ] **delta** 名 三角州
- [ ] **demonstrate** 動 実証する
- [ ] **denote** 動 ~を意味する
- [ ] **dense** 形 濃い
- [ ] **derive** 動 (由来などが) ~から来ている
- [ ] **descendant** 名 子孫
- [ ] **design** 名 デザイン
- [ ] **designate** 動 指定する, 指名する
- [ ] **desire** 名 願望
- [ ] **destroy** 動 破壊する
- [ ] **determine** 動 決定する [させる]
- [ ] **devastating** 形 破壊的な
- [ ] **devastation** 名 荒廃
- [ ] **develop** 動 成長する, 発展する [させる]
- [ ] **development** 名 発達, 発展
- [ ] **device** 名 装置
- [ ] **diagnose** 動 診断する
- [ ] **diagnosis** 名 診断
- [ ] **dialect** 名 方言
- [ ] **diary** 名 日記
- [ ] **did** 助 do の過去
- [ ] **die** 動 死ぬ die of ~がもとで死ぬ
- [ ] **difference** 名 違い
- [ ] **different** 形 違った, 別の
- [ ] **difficulty** 名 難局
- [ ] **direction** 名 方角
- [ ] **directly** 副 じかに
- [ ] **disaster** 名 災害
- [ ] **discount** 名 割引
- [ ] **dish** 名 料理
- [ ] **district** 名 ①地域 ②行政区
- [ ] **disunite** 動 分裂させる, 不和にする
- [ ] **divide** 動 分かれる, 分ける be divided into 分けられる divide into ~に分かれる
- [ ] **do** 助 ①《ほかの動詞とともに用いて現在形の否定文・疑問文をつくる》②《同じ動詞を繰り返す代わりに用いる》③《動詞を強調するのに用いる》動 ~をする
- [ ] **doctor** 名 医者
- [ ] **does** 助 do の3人称単数現在
- [ ] **doll** 名 人形
- [ ] **dome** 名 丸屋根, ドーム
- [ ] **domestic** 形 国産の
- [ ] **dominion** 名 支配力
- [ ] **dough** 名 練り粉
- [ ] **down** 副 下方へ
- [ ] **downtown** 名 繁華街
- [ ] **dramatic** 形 劇的な
- [ ] **drink** 動 飲む
- [ ] **drive** 動 車で行く
- [ ] **drop** 動 落ちる, 落とす
- [ ] **due to** ~によって, ~が原因で

Word List

- **during** 前 〜の間（ずっと）
- **dust** 名 ちり, ほこり
- **dynasty** 名 王朝 [王家]

E

- **each** 形 それぞれの, 各自の
- **east** 名 東部 形 東の
- **eastern** 形 東方の
- **easy** 形 簡単な
- **Ebessan** 名 えべっさん
- **Ebisu Shrine** 恵比寿神社
- **economic** 形 経済上の
- **economy** 名 経済圏
- **Edict for Separation of Shinto and Buddhism** 神仏分離令
- **Edo** 名 江戸《地名》
- **education** 名 教育
- **educational** 形 教育の
- **effect** 名 影響
- **effectiveness** 名 有効性
- **effort** 名 努力
- **Ehime** 名 愛媛《地名》
- **either** 熟 on either side 両側に
- **elderly** 名《the 〜》お年寄り
- **electric** 形 電気の Hiroshima Electric Railway 広島電鉄《社名》
- **emperor** 名 天皇
- **end** 名 ①終わり, 終末, 死 ②果て, 末, 端 ③目的 動 終わる, 終える at the end of 〜の終わりに
- **endure** 動 持ちこたえる
- **enforce** 動 実施する
- **engaged in**《be –》〜に従事している
- **English** 形 英語の
- **engrave** 動 刻む
- **enjoy** 動 楽しむ, 享受する enjoy doing 〜するのを楽しむ
- **Enola Gay** エノラ・ゲイ《機名, 人名》
- **Enryūji** 名 圓隆寺
- **enter** 動 入る
- **enthusiasm** 名 情熱
- **enthusiast** 名 ファン
- **enthusiastic** 形 熱狂的な
- **entrance** 名 入り口
- **environmental** 形 環境の
- **era** 名 時代
- **erect** 動 建設する
- **especially** 副 特別に, とりわけ
- **establish** 動 確立する, 設置 [設立] する
- **Etajima** 名 江田島《地名》
- **even** 副《強意》〜でさえも, 〜ですら
- **evening** 名 夕方, 晩
- **event** 名 事件, イベント
- **every** 形 毎〜, 〜ごとの
- **everyone** 代 誰でも, 皆
- **everywhere** 副 どこにいても
- **exact** 形 正確な
- **example** 名 例
- **excellent** 形 極めてよい
- **exception** 名 例外
- **exceptional** 形 特別に優れた
- **excess** 形 超過の in excess of 〜を超えて
- **exist** 動 存在する
- **existence** 名 存在
- **exorcizing** 形 魔よけの
- **expand** 動 拡張 [拡大] する
- **experience** 名 経験, 体験 動 経験 [体験] する
- **experiment** 名 実験

- [ ] **explain** 動 説明する
- [ ] **explode** 動 爆発する[させる]
- [ ] **exploit** 動 活用する
- [ ] **express** 動 表現する, 述べる
- [ ] **expressway** 名 高速道路 Chugoku Expressway 中国自動車道 San-yo Expressway 山陽自動車道
- [ ] **extend** 動 (範囲が)およぶ, 広がる
- [ ] **eyeball** 名 眼球

F

- [ ] **face** 名 顔, 外見 動 直面する, 向かい合う
- [ ] **facility** 名《-ties》施設, 設備
- [ ] **fact** 名 事実, 真相
- [ ] **factory** 名 工場, 製造所
- [ ] **fall** 動 ①落ちる ②(ある状態に)急に陥る fall from grace 信用をなくす fall from power 失脚する 名 秋
- [ ] **family** 名 家族, 一門
- [ ] **famous** 形 有名な be famous for ～で有名である
- [ ] **fan** 名 うちわ
- [ ] **fantasy** 名 幻想的作品, ファンタジー
- [ ] **father** 名 父親
- [ ] **fear** 名 恐れ, 心配
- [ ] **feature** 名 呼び物
- [ ] **fed** 動 feed (食物を与える)の過去, 過去分詞
- [ ] **feel** 動 感じる
- [ ] **feeling** 名 気持ち
- [ ] **fell** 動 fall (落ちる)の過去
- [ ] **felt** 動 feel (感じる)の過去, 過去分詞
- [ ] **ferry** 名 連絡船
- [ ] **fervent** 形 熱烈な
- [ ] **fervently** 副 熱心に
- [ ] **festival** 名 祭り
- [ ] **feudal** 形 封建制度の feudal lord 大名
- [ ] **few** 形 わずかな (～しかない)
- [ ] **fight** 動 (～と)戦う, 争う
- [ ] **filled with**《be –》～でいっぱいになる
- [ ] **filth** 名 汚れ
- [ ] **final** 形 最後の
- [ ] **financial** 形 財務の
- [ ] **find** 動 ①見つける ②(～と)わかる, 気づく
- [ ] **fire** 名 火 catch fire 火がつく
- [ ] **first** 形 第一の, 最初の for the first time 初めて
- [ ] **fish** 名 魚 動 釣りをする
- [ ] **fisherman** 名 漁師
- [ ] **fishing village** 漁村
- [ ] **five** 名 5(の数字), 5人[個]
- [ ] **five-storied** 形 五重の, 五階建ての
- [ ] **flamboyant** 形 きらびやかな
- [ ] **flight** 名 (飛行機の)フライト
- [ ] **float** 動 ～を浮かべる
- [ ] **flounder** 名 ヒラメ, カレイ
- [ ] **flour** 名 小麦粉
- [ ] **flourish** 動 繁栄する
- [ ] **fly** 動 飛ぶ
- [ ] **fog** 名 濃霧
- [ ] **follower** 名 部下
- [ ] **following** 形《the ～》次の 名《the ～》以下に述べるもの
- [ ] **food** 名 食品
- [ ] **foot** 名 (物の)最下部 at the foot of ～のすそ[下部]に
- [ ] **football** 名 サッカー
- [ ] **foothold** 名 足場, 拠点
- [ ] **for** 前 ①《目的・原因・対象》～にと

Word List

って, ~のために[の], ~に対して ②《期間》~間 ③《代理》~の代わりに ④《方向》~へ(向かって) 接というわけは~, なぜなら~, だから as for ~に関しては, ~はどうかと言うと

- □ **force** 名 部隊
- □ **Ford Motors** フォード・モーター《社名》
- □ **forest** 名 森林
- □ **form** 動 形づくる
- □ **former** 形 旧~, かつての
- □ **formerly** 副 以前は
- □ **found** 動 ①find (見つける)の過去, 過去分詞
- □ **foundation** 名 基礎
- □ **four** 名 4(の数字), 4人[個]
- □ **free** 形 無料の
- □ **freely** 副 自由に
- □ **freeze** 動 凍りつく
- □ **fresh** 形 新鮮な, さわやかな
- □ **Friday** 名 金曜日
- □ **fro** 副 to and fro あちこちに, 行ったり来たり
- □ **from** 前 ①《出身・出発点・時間・順序・原料》~から ②《原因・理由》~がもとで from time to time ときどき from ~ to … ~から…まで
- □ **front** 形 正面の in front of ~の前に, ~の正面に
- □ **froze** 動 freeze (凍る)の過去
- □ **Fukuoka** 名 福岡《地名》
- □ **Fukushima Masanori** 福島正則《人名》
- □ **Fukuyama** 名 福山《地名》
- □ **full** 形 いっぱいの, 充実した be full of ~で一杯である
- □ **furnace** 名 溶鉱炉
- □ **further** 形 さらに遠い 副 もっと
- □ **furthermore** 副 さらに
- □ **Fushimi** 名 伏見《地名》
- □ **future** 名 未来, 将来 in the future 将来は

G

- □ **gain** 動 得る
- □ **game** 名 試合
- □ **gate** 名 門
- □ **gather** 動 集まる, 集める
- □ **gave** 動 give (与える)の過去
- □ **Geihoku** 名 芸北《地名》
- □ **Geishū** 名 芸州《地名》
- □ **generally** 副 一般に, だいたい
- □ **geography** 名 地理
- □ **get to** ~に達する[到着する]
- □ **girl** 名 少女
- □ **give** 動 ①与える ②述べる give up あきらめる, やめる
- □ **globally** 副 世界的に
- □ **go** 動 ①行く, 出かける ②経過する ③(ある状態に)なる be going to ~するつもりである come and go 往来する, 行き交う go on 起こる, 発生する go on to 次に~する go out 外出する go through 通り抜ける, (困難などを)経験する
- □ **god** 名 神
- □ **gold leaf** 金箔
- □ **good** 形 優れた
- □ **goods** 名 商品, 品物
- □ **gorge** 名 峡谷, 山峡
- □ **govern** 動 支配する
- □ **government** 名 政府
- □ **grace** 名 好意 fall from grace 信用をなくす
- □ **gradually** 副 だんだんと
- □ **granite** 名 花崗岩
- □ **great** 形 大きい, 広大な
- □ **Greece** 名 ギリシア《国名》

- **green** 形 緑色の 名 緑 green laver 青のり
- **greet** 動 (喜んで)迎える
- **groan** 動 うめく
- **gross** 形 総計の
- **ground** 名 地面 Ground Zero 爆心地
- **group** 名 集団
- **grow to** 〜するようになる
- **grown** 動 grow (成長する)の過去分詞
- **growth** 名 成長
- **gut** 名 はらわた

H

- **had** 動 have (持つ)の過去, 過去分詞 助 haveの過去《過去完了の文をつくる》
- **half** 名 半分 形 半分の
- **halfbeak** 名 サヨリ
- **hall** 名 ホール Hiroshima Prefectural Industrial Promotion Hall 広島県産業奨励館
- **Hama Uchiwa** 破魔うちわ
- **hang** 動 ぶら下がる
- **hard to** 〜し難い
- **hardly** 副 ほとんど〜ない
- **has** 動 have (持つ)の3人称単数現在 助 haveの3人称単数現在《現在完了の文をつくる》
- **have** 動 ①持つ, 持っている, 抱く ②(〜が)ある, いる ③食べる, 飲む ④経験する, (病気に)かかる ⑤催す, 開く ⑥(人に)〜させる 助《〈have＋過去分詞〉の形で現在完了の文をつくる》〜した, 〜したことがある, ずっと〜している have control over 〜を支配する have to 〜しなければならない
- **he** 代 彼は[が]

- **head** 名 頭
- **headquarters** 名 本部
- **Healing Buddha** 薬師如来
- **health** 名 健康
- **heart** 名 心
- **heat** 名 熱気 動 熱する heat wave 熱線
- **hegemony** 名 覇権
- **held** 動 hold (つかむ)の過去, 過去分詞
- **helmet** 名 ヘルメット
- **help 〜 to** 〜が…するのを助ける
- **her** 代 彼女の
- **here** 副 ここに[で]
- **heritage** 名 遺産 World Heritage Site 世界遺産
- **hero** 名 英雄
- **Hibakusha** 名 被爆者
- **high** 形 高い Hiroshima Commercial High School 広島商業高校 National High School Baseball Championship 全国高校野球選手権
- **high-pressure** 形 高圧の
- **high-temperature** 形 高温の
- **highway** 名 幹線道路
- **hill** 名 丘
- **him** 代 彼を[に]
- **Hiroshima** 名 広島《地名》Hiroshima Atomic-bomb Survivors Hospital 広島赤十字・原爆病院 Hiroshima Commercial High School 広島商業高校 Hiroshima Electric Railway 広島電鉄《社名》Hiroshima Peace Memorial Museum 広島平和記念資料館 Hiroshima Prefectural Industrial Promotion Hall 広島県産業奨励館 Hiroshima Toyo Carp 広島東洋カープ
- **Hiroshima-style** 形 広島風の
- **his** 代 彼の

Word List

- **historical** 形 歴史上の National Historical Relic Site 国家指定史跡
- **history** 名 歴史
- **hold** 動 ①つかむ, 持つ ②(祭りなどを) 開催する
- **Holocaust** 名 大虐殺
- **home** 名 故郷, 本拠地
- **Honkawa** 本川
- **Honshu** 名 本州《地名》
- **Honshu-Shikoku Bridge** 本州四国連絡橋
- **hope** 動 望む
- **hopeless** 形 勝ち目のない
- **hospital** 名 病院 Hiroshima Atomic-bomb Survivors Hospital 広島赤十字・原爆病院
- **hospitalize** 動 入院させる
- **hot** 形 熱い hot spring 温泉
- **hour** 名 1時間
- **house** 名 家
- **how** 副 どれほどの 名 やり方
- **however** 接 けれども, だが
- **hub** 名 中心地
- **human being** 人間
- **Hyogo** 名 兵庫《地名》

I

- **idea** 名 意見
- **ideal** 形 理想的な
- **if** 接 もし~ならば, たとえ~でも as if あたかも~のように, まるで~みたいに
- **ignore** 動 無視する
- **Imabari** 名 今治《地名》
- **imagine** 動 想像する
- **Imperial Japanese Army** 大日本帝国陸軍
- **Imperial Japanese Navy** 大日本帝国海軍
- **important** 形 重要な, 有力な Important Cultural Properties 重要文化財
- **impossible** 形 不可能な
- **impression** 名 印象, 影響
- **impressive** 形 深い感銘を与える
- **imprison** 動 投獄する
- **in** 前 ①《場所・位置・所属》~(の中)に[で・の] ②《時》~(の時)に[の・で], ~後(に), ~の間(に) ③《方法・手段》~で ④~を身につけて, ~を着て ⑤~に関して, ~について ⑥《状態》~の状態で 副 中へ[に], 内へ[に]
- **in order to** ~するために
- **Inari Shrine** 稲荷神社
- **include** 動 含む
- **including** 前 ~を含めて
- **increase** 動 増える, 増やす
- **independence** 名 独立
- **indicate** 動 示す
- **indiscriminately** 副 無差別に
- **indispensable** 形 欠くことのできない
- **industrial** 形 産業の Hiroshima Prefectural Industrial Promotion Hall 広島県産業奨励館
- **industry** 名 工業 Toyo Industries 東洋工業《社名》
- **ingredient** 名 材料
- **inherit** 動 受け継ぐ
- **initially** 副 初めは
- **inland** 形 内陸の Seto Inland Sea 瀬戸内海
- **innocent** 形 罪のない
- **integrate** 動 一体化する
- **international** 形 国際的な
- **interruption** 名 中断
- **into** 前 ①《動作・運動の方向》~の中へ[に] ②《変化》~に[へ]

- □ **intricate** 形入り組んだ
- □ **introduce** 動導入する
- □ **introduction** 名紹介
- □ **iron-making** 名製鉄
- □ **is** 動 be (～である) の3人称単数現在
- □ **island** 名島
- □ **issue** 動発布する
- □ **it** 代 ①それは[が], それを[に] ②《天候・日時・距離・寒暖を示す》 It takes a hour to (人)が～するのに1時間かかる
- □ **item** 名品物
- □ **its** 代それの, あれの
- □ **itself** 代それ自体
- □ **Itsukushima Shrine** 嚴島神社

J

- □ **J1 league** J1リーグ《日本プロサッカーリーグの1部リーグ》
- □ **Japan** 名日本《国名》Japan Series (野球の) 日本シリーズ
- □ **Japanese** 形日本 (人・語) の 名 ①日本人 ②日本語 Imperial Japanese Army 大日本帝国陸軍 Imperial Japanese Navy 大日本帝国海軍
- □ **Japanese-style** 形日本風
- □ **jeopardize** 動危機にさらす
- □ **Jōdoji Mountain** 浄土寺山
- □ **join** 動参加する
- □ **July** 名7月
- □ **June** 名6月
- □ **just** 副 ①まさに, ちょうど, (～した) ばかり ②ほんの, 単に, ただ～だけ just as (ちょうど) ～と同じように
- □ **jut** 動突き出る

K

- □ **Kagura Monzen Tōji Village** 神楽門前湯治村《社名, 施設名》
- □ **Kansai** 名関西 (地方)
- □ **keepsake** 名形見, 記念の品
- □ **keloid** 名ケロイド
- □ **key** 形極めて重要な
- □ **kill** 動殺す
- □ **kind of** ～のようなもの
- □ **kingdom** 名王国 United Kingdom イギリス
- □ **Kinki** 名近畿 (地方)
- □ **km** 名キロメートル《単位》
- □ **km²** 名平方キロメートル《単位》
- □ **know** 動知っている be known as ～として知られている
- □ **knowledge** 名知識
- □ **known** 動 know (知っている) の過去分詞 形知られた
- □ **Kōbō Daishi** 弘法大師《人名, またの名を空海》
- □ **Komazarae** 名こまざらえ《熊手の方言》
- □ **Korea** 名朝鮮, 韓国《国名》
- □ **Kōryō High School** 広陵高校
- □ **ku** 名区
- □ **Kūkai** 名空海《人名》
- □ **kuramoto** 名蔵元
- □ **Kure** 名呉《地名》
- □ **Kurushima-kaikyō Ōhashi Bridge** 来島海峡大橋
- □ **Kyoto** 名京都《地名》
- □ **Kyushu** 名九州《地名》

L

- □ **lamp** 名ランプ, 灯火
- □ **language** 名言語

Word List

- **lap** 動(波などが)打ち寄せる
- **large** 形 ①大きい ②多量の
- **last** 形《the ~》最後の
- **later** 副後で
- **latter** 形後の
- **laver** 名海苔 green laver 青海苔
- **lead** 動率いる
- **leader** 名指導者
- **leaf** 名葉 gold leaf 金箔
- **league** 名(スポーツの)競技連盟 Central League セントラル・リーグ Pacific League パシフィック・リーグ
- **leave** 動 ①出発する ②~をあとに残す
- **leaves** 名 leaf(葉)の複数
- **led** 動 lead(率いる)の過去, 過去分詞
- **left** 名《the ~》左, 左側 動 leave(~をあとに残す)の過去, 過去分詞
- **less** 形 ~より少ない
- **leukemia** 名白血病
- **level** 名水準
- **lie** 動立地する
- **life** 名人生
- **light** 名光, 明かり 動照らす
- **like** 動 ~に似ている, ~のような 形似ている, ~のような 接あたかも ~のように
- **limousine bus** リムジンバス
- **line** 名 (電車の) ~線 San-yo Line 山陽線
- **link** 動連結する
- **liquidate** 動粛清する
- **liquidation** 名企業売却
- **list** 名一覧表
- **Little Boy** リトルボーイ《広島に投下された原爆のコードネーム》
- **live** 動住む, 暮らす live on ~を糧として生きる
- **liveliness** 名活気あふれる様子
- **local** 形地方の
- **locate** 動置く, 位置づける
- **location** 名位置, 場所
- **long** 形 ①長い, 長期の ②《長さ・距離・時間などを示す語句を伴って》~の長さ[距離・時間]の 副長く no longer もはや~しない
- **look** 動見る
- **lord** 名領主 feudal lord 大名
- **lose** 動失う
- **lost** 動 lose(失う)の過去, 過去分詞
- **lot of** 《a -》たくさんの~
- **love** 名愛情 動愛する
- **lower-ranked** 形下位の
- **lucky charm** 幸運のお守り
- **lunar calendar** 太陰暦

M

- **m** 名メートル《単位》
- **made** 動 make(作る)の過去, 過去分詞
- **magnificent** 形壮麗な
- **main** 形主要な
- **Maine** 名メイン州《地名》
- **mainland** 名本土
- **mainly** 副主に
- **maintain** 動維持する
- **major** 形大規模な, 主要な
- **make** 動 ①作る, 得る ②行う, (~に)なる ③(~を…に)する, (~を…)させる be made up of ~で構成されている make a speech 演説をする
- **manage** 動どうにか~する
- **manufacture** 動製造[製作]する
- **manufacturer** 名製造業者
- **many** 形多数の, たくさんの 代多

数(の人・物)
- **maple-leaf-shaped** 形 もみじ形の
- **march** 動 行進する
- **marine** 形 海の
- **maritime** 形 海運の
- **material** 名 素材, 原料
- **May** 名 5月
- **mayonnaise** 名 マヨネーズ
- **Mazda** 名 マツダ《社名》
- **Mazda Zoom-Zoom Stadium** マツダズームズームスタジアム
- **mean** 動 意味する
- **measure** 動 測る, (〜の)寸法がある
- **meat** 名 肉
- **medieval** 形 中世の
- **Mediterranean Sea** 地中海
- **Meiji** 名 明治(時代)
- **Meiji Restoration** 明治維新
- **melt** 動 溶ける
- **member** 名 一員, メンバー
- **memorial** 形 記念の, 追悼の Hiroshima Peace Memorial Museum 広島平和記念資料館 Peace Memorial Ceremony 平和記念式典 Peace Memorial Park 平和記念公園
- **memorialize** 動 〜を記念する
- **memory** 名 記憶
- **mere** 形 ほんの
- **messenger** 名 使者
- **meter** 名 メートル《長さの単位》
- **metropolis** 名 大都市
- **middle** 名 中間
- **might** 助 《mayの過去》〜かもしれない
- **mild** 形 穏やかな
- **military** 形 軍事の
- **million** 名 《-s》数百万, 多数 形 100万の
- **mind** 名 心
- **minute** 名 (時間の)分
- **Misen** 名 弥山《山》
- **misunderstand** 動 誤解する
- **misunderstood** 動 misunderstand(誤解する)の過去, 過去分詞
- **mix in** よく混ぜ合わせる
- **Miyajima** 名 宮島
- **Miyajimaguchi** 名 宮島口《地名, 駅名》
- **moat** 名 堀
- **mobilize** 動 動員する
- **model** 名 原型, モデル
- **modernization** 名 近代化
- **moment** 名 瞬間 at the moment of 〜の瞬間に for a moment 少しの間
- **Momijimanjū** 名 もみじ饅頭
- **month** 名 1ヵ月
- **monument** 名 記念碑 Children's Peace Monument 原爆の子の像
- **more** ① もっと多くの ② それ以上の, 余分の 副 もっと, さらに多く, いっそう more than 〜以上 no more 二度と〜しない not 〜 any more もう[これ以上]〜ない
- **Mōri Motonari** 毛利元就《人名》
- **Mōri Terumoto** 毛利輝元《人名》
- **morning** 名 午前
- **most** 形 ① 最も多い ② たいていの, 大部分の 副 最も(多く)
- **mother** 名 母親
- **motor** 名 自動車 Ford Motors フォード・モーター《社名》
- **Motoyasu River** 元安川
- **mountain range** 山脈, 山岳地帯 Chugoku mountain range 中国山地

Word List

- **mountainside** 名 山腹
- **move** 動 移動する
- **movement** 名 運動
- **movie** 名 映画
- **municipality** 名 (地方)自治体
- **Murakami Navy** 村上水軍
- **museum** 名 博物館 Hiroshima Peace Memorial Museum 広島平和記念資料館
- **music** 名 音楽
- **must** 助 ～に違いない

N

- **Nada** 名 灘《地名》
- **Nagano** 名 長野《地名》
- **Nagarekawa** 名 流川《地名》
- **Nagasaki** 名 長崎《地名》
- **Nagoya** 名 名古屋《地名》
- **Naka-ku** 名 中区《地名》
- **name** 名 名前 動 名前をつける name ～ after …にちなんで～と名付ける
- **Nara** 名 奈良《地名》
- **narrow** 形 狭い
- **nation** 名 国
- **national** 形 国家[国民]の, 全国の National High School Baseball Championship 全国高校野球選手権 National Historical Relic Site 国家指定史跡
- **nationally** 副 国家的に
- **natural** 形 自然の, 天然の
- **nature** 名 ①自然 ②性質
- **naval** 形 海軍の
- **naval district** 鎮守府《かつて日本海軍の根拠地として艦隊の後方を統括した機関》
- **navigate** 動 航行する
- **navy** 名 海軍 Imperial Japanese Navy 大日本帝国海軍 Murakami Navy 村上水軍
- **Nazi** 名 ナチス《ヒトラーが率いたドイツの政党》
- **near** 前 ～の近くに
- **nearby** 形 近くの
- **nearly** 副 ほぼ
- **need to** ～する必要がある
- **negative** 形 負の
- **nest** 動 巣くう
- **network** 名 網状組織, ネットワーク
- **next** 形 次の, 翌～ 副 次に
- **nickname** 名 愛称, あだ名 動 愛称をつける
- **night** 名 夜
- **nine** 名 9(の数字) 形 9の
- **no** 副 少しも～ない 形 ～がない, 少しも～ない no more 二度と～しない
- **noodle** 名 麺類
- **north** 名《the ～》北, 北部 形 北の
- **northeast** 名 北東(部)
- **northern** 形 北の
- **northwest** 名 北西(部)
- **nostalgic** 形 懐かしい, 郷愁に満ちた
- **not** 副 ～でない, ～しない
- **notable** 形 有名な
- **novelize** 動 小説化する
- **November** 名 11月
- **now** 副 今(では), 現在 形 今の, 現在の
- **nowadays** 副 現在では
- **nuclear** 形 核の, 原子力の
- **number** 名 数, 数字 a number of 多くの～
- **numerous** 形 多数の

O

- oar 名櫂, オール
- occasionally 副時折
- occur 動(事が)起こる
- ocean 名海 Pacific Ocean 太平洋
- o'clock 副~時
- October 名10月
- Oda Nobunaga 織田信長《人名》
- of 前①《所有・所属・部分》~の, ~に属する②《性質・特徴・材料》~の, ~製の③《部分》~のうち④《分離・除去》~から
- offensive 形攻撃的な
- officer 名士官
- often 副しばしば
- Okayama 名岡山《地名》
- Okinawa 名沖縄《地名》
- okonomiyaki 名お好み焼き
- old 形①~歳の②古い, 昔の
- olden 形昔の
- Omotesandō 名表参道
- on 前①《場所・接触》~(の上)に②《日・時》~に, ~と同時に, ~のすぐ後で③《関係・従事》~に関して, ~について, ~して 副①身につけて, 上に②前へ, 続けて
- Onbashi 名雄橋
- once 副かつて
- one 名1(の数字), 1人[個] 形1の, 1人[個]の 代①(一般の)人, ある物②一方, 片方③~なもの one after another 次々に, 1つ[人]ずつ one of ~の1つ[人]
- only 形唯一の 副①単に, ~にすぎない, ただ~だけ②やっと not only ~ but (also) … ~だけでなく…もまた
- Onomichi 名尾道《地名》
- open 動開く
- operate 動運転する, 操業する
- opinion 名意見
- oppose 動敵対する
- opposite 形向こう側の
- oppress 動圧迫する
- or 接~か…, または
- orbit 名勢力範囲
- order 熟 in order to ~するために, ~しようと
- ordinance-designated city 政令指定都市
- organization 名機関
- Orient 名東洋
- origami 名折り紙
- origin 起源, 出自
- original 形最初の, オリジナルの
- originally 副元は
- originate 動始まる
- Osaka 名大阪《地名》
- Ōtagawa 名太田川
- other 形①ほかの, 異なった②(2つのうち)もう一方の, (3つ以上のうち)残りの 代①ほかの人[物]②《the ~》残りの1つ
- out 副外へ[に] 前~から外へ[に] out of①~から外へ②~の範囲外に
- outcome 名結果
- outer 形外側の
- outspoken 形率直な
- oven 名かまど
- over 前①~の上の[に]②~を越えて, ~以上に③~の向こう側の[に]④~の間 副上に, 一面に, ずっと
- overcame 動 overcome (克服する)の過去
- overcome 動克服する
- overview 名概要, あらまし
- own 形自身の
- oyster 名カキ(牡蠣)

Word List

P

- **Pacific** 形 太平洋の Pacific League パシフィック・リーグ Pacific Ocean 太平洋 Pacific War 太平洋戦争
- **pageant** 名 (壮麗な) 行列
- **pagoda** 名 仏塔
- **paid** 動 pay (払う) の過去, 過去分詞
- **pain** 名 痛み
- **palace** 名 宮殿
- **paper** 名 紙
- **paper-framed** 形 紙張りの
- **parachute** 名 パラシュート, 落下傘
- **park** 名 公園 Peace Memorial Park 平和記念公園
- **part** 名 部分, 一部
- **party** 名 団体
- **pass on** (情報などを他者に) 伝える
- **pass over** 〜を横切る
- **pass through** 〜を通る, 通行する
- **passionately** 副 熱心に
- **past** 名 過去
- **paste** 名 練り粉
- **patient** 名 患者
- **pay** 動 払う
- **peace** 名 平和 Children's Peace Monument 原爆の子の像 Hiroshima Peace Memorial Museum 広島平和記念資料館 Peace Memorial Ceremony 平和記念式典 Peace Memorial Park 平和記念公園
- **pedestrianize** 動 (道路を) 歩行者用にする
- **people** 名 (一般に) 人々, 人間
- **period** 名 期間, 時代
- **persistently** 副 根気強く
- **person** 名 人
- **phase** 名 段階, 局面
- **Phoenician** 名 フェニキア人
- **photo** 名 写真
- **phrase** 名 慣用句
- **pizza** 名 ピザ
- **place** 名 ①場所 ②土地 Special Place of Scenic Beauty 特別名勝
- **plate** 名 金属板, プレート
- **plateau** 名 台地
- **play** 動 (役割を) 果たす
- **player** 名 選手
- **political** 形 政治上の
- **Ponyo** 名 『崖の上のポニョ』《スタジオジブリ制作の長編アニメーション映画》
- **population** 名 人口
- **populous** 形 人口の多い
- **port** 名 港
- **post-war** 形 戦後の
- **pot** 名 鍋
- **potential** 形 可能性のある
- **Potsdam Declaration** ポツダム宣言《第二次世界大戦の日本に対して降伏を求めその条件を定めた宣言》
- **powder** 名 粉末
- **power** 名 勢力, 権力 fall from power 失脚する
- **powerful** 形 実力のある, 影響力のある
- **practically** 副 実質的に
- **practice** 名 慣習
- **pray** 動 祈る pray for 〜のために祈る
- **prayer** 名 祈り
- **precinct** 名 区域
- **prefectural** 形 県の Hiroshima Prefectural Industrial Promotion Hall 広島県産業奨励館

Exploring Hiroshima

- **prefecture** 名県, 府
- **present** 動贈呈する 形現在の
- **present-day** 形現代の
- **preserve** 動保存[保護]する
- **president** 名大統領
- **prevailing** 形支配的な
- **pre-war** 形戦前の
- **prior to** ～より前に
- **probably** 副たぶん
- **problem** 名問題
- **produce** 動生産する, 製造する
- **producer** 名生産者
- **product** 名産物
- **production** 名製造, 生産
- **professional** 形プロの
- **profit** 名利益
- **progress** 動前進する
- **project** 名事業計画
- **promote** 動促進する
- **promotion** 名促進 Hiroshima Prefectural Industrial Promotion Hall 広島県産業奨励館
- **property** 名財産 Important Cultural Properties 重要文化財
- **protect** 動保護する
- **province** 名 (行政区分の) 国, 州, 地方
- **purify** 動清める
- **pursue** 動追求する

Q

- **quiet** 形穏やかな

R

- **radiation** 名放射能
- **radioactive** 形放射性の
- **raid** 名急襲 air raid 空襲
- **railway** 名鉄道 Hiroshima Electric Railway 広島電鉄《社名》
- **rain** 名雨
- **raise** 動上げる curtain of ～ is raised ～の幕が上がる, ～が始まる
- **rake** 名熊手
- **ramen** 名ラーメン
- **range** 名山脈《地学》 mountain range 山脈, 山岳地帯
- **rapid** 形急速な
- **rapidly** 副急速に
- **rare** 形珍しい
- **rather** 副 ①むしろ ②かなり
- **ravage** 名破壊
- **ravine** 名峡谷
- **raw** 形生の, 未加工の
- **reach** 動達する, 届く
- **read** 動読む
- **real** 形実際の
- **reality** 名現実
- **reason** 名理由
- **rebuilt** 動 rebuild (再建する) の過去, 過去分詞
- **recently** 副最近
- **reclaim** 動開墾する
- **recommend** 動推薦する
- **red** 名赤
- **refer to** ～に言及する, ～と呼ぶ
- **reflect** 動反射する
- **regain** 動取り戻す
- **regard** 動 (～を…と) 見なす
- **regarding** 前 ～についての
- **region** 名地方, 地域
- **regional** 形地方の
- **register** 動登録する
- **regular** 形定期の
- **regularly** 副定期的に

Word List

- **rehabilitate** 動 復興させる
- **rehabilitation** 名 復興
- **related to** 〜と関わりのある
- **relative** 形 相対的な
- **relic** 名 遺跡, (思い出の)記念品 National Historical Relic Site 国家指定史跡
- **religious** 形 宗教の
- **remain** 動 ①残る ②(〜の)ままである[いる] 名 遺構
- **remind** 動 思い出させる, 気づかせる
- **renew** 動 再確認する
- **renowned for** 《be –》〜で名高い
- **repair** 動 修理[修繕]する
- **repose** 名 安らぎ
- **represent** 動 代表する
- **representative** 名 代表, 典型
- **require** 動 必要とする
- **rescue** 名 救助
- **reside** 動 住む
- **responsibility** 名 責任
- **responsible for** 《be –》〜の責任を負う
- **restaurant** 名 料理店, レストラン
- **restoration** 名 復活 Meiji Restoration 明治維新
- **result** 名 結果
- **retainer** 名 家臣 chief retainer 家老
- **retire** 動 引退させる
- **return** 動 戻る
- **rhythm** 名 リズム
- **rice** 名 米 rice scoop しゃもじ rice wine 日本酒
- **rich** 形 豊かな
- **ride** 名 乗ること
- **Rijō** 鯉城
- **ring** 動 鳴る
- **ripple** 名 さざ波
- **rise** 動 立ち上がる rise to the challenge 困難に立ち向かう
- **rite** 名 (宗教的な)儀式
- **ritual** 名 儀式
- **rival** 名 競争相手
- **river** 名 川
- **road** 名 道路
- **role** 名 役割
- **roof** 名 屋根 roof tile 屋根瓦
- **ropeway** 名 ロープウェイ
- **rough** 形 荒々しい be in rough waters 大変な事態に陥る
- **route** 名 道, 道筋
- **row** 名 (横に並んだ)列 a row of 並んだ〜 in a row 並んで
- **ruin** 名 廃墟
- **rule** 動 支配する
- **ruler** 名 支配者
- **run** 熟 run in 走って入る run through 走り抜ける
- **run** 動 ①走る ②運行する ③(範囲などが)広がる ④実施する
- **rung** 動 ring(鳴る)の過去分詞
- **rustic** 形 素朴な

S

- **sacred** 形 神聖な
- **Sadako Sasaki** 佐々木禎子《人名》
- **safety** 名 安全
- **said** 動 say(言う)の過去, 過去分詞
- **Saijō Sake** 西条酒
- **sail** 動 航行する
- **Sakagura-dōri** 名 酒倉通り
- **sake** 名 日本酒 Saijō Sake 西条酒

- **sake-producing** 名 酒造り
- **sale** 名 大売り出し
- **salt** 名 塩
- **same** 形 同じ, 同様の
- **sample** 名 試供品
- **samurai** 名 侍
- **Sandankyō Gorge** 三段峡《地名》
- **Sanfrecce Hiroshima** サンフレッチェ広島
- **San-in** 名 山陰《地名》
- **Sanki-gongendō Temple** 三鬼堂 (三鬼大権現)
- **San-yo** 名 山陽《地名》 San-yo Expressway 山陽自動車道 San-yo Line 山陽線
- **sardine** 名 イワシ (鰯)
- **Satsuma** 名 薩摩 (藩)
- **sauce** 名 ソース
- **saw** 動 see (見る) の過去
- **say** 動 言う
- **scale** 名 規模
- **scar** 名 傷跡
- **scatter** 動 分散する,《be -ed》散在する
- **scenery** 名 風景
- **scenic** 形 景色の, 景色のよい Special Place of Scenic Beauty 特別名勝
- **school** 名 学校 Hiroshima Commercial High School 広島商業高校 National High School Baseball Championship 全国高校野球選手権
- **scientific** 形 科学的な
- **scientist** 名 科学者
- **scoop** 名 スコップ rice scoop しゃもじ
- **sea** 名 海 Mediterranean Sea 地中海 Seto Inland Sea 瀬戸内海
- **seagoing** 名 海上旅行

- **season** 名 季節 動 味をつける
- **seat** 動 すえつける
- **Seattle** 名 シアトル《地名》
- **second-largest** 形 第二位の
- **secure** 動 確保する
- **see** 動 ①見る, 見える, 見物する ② (〜と) わかる
- **seen** 動 see (見る) の過去分詞
- **sell** 動 売る
- **semiconductor** 名 半導体
- **Sengoku period** 戦国時代
- **Senjōkaku** 名 千畳閣
- **Senkōji** 名 千光寺
- **separation** 名 分離 Edict for Separation of Shinto and Buddhism 神仏分離令
- **serenity** 名 静けさ
- **series** 名 シリーズ Japan Series (野球の) 日本シリーズ
- **service** 名 業務 in service (交通機関などが) 使用されて
- **set up** 組織する, 設置する
- **Seto Inland Sea** 瀬戸内海
- **Setouchi Shimanami Kaidō** 瀬戸内しまなみ海道
- **setting** 名 (映画などの) 舞台, 設定
- **settle** 動 (問題などを) 解決する
- **several** 形 いくつかの
- **severe** 形 深刻な
- **severely** 副 ひどく
- **shadow** 名 影
- **shadowgraph** 名 影絵
- **shape** 名 形
- **she** 代 彼女は [が]
- **Shikoku** 名 四国《地名》
- **Shimane** 名 島根《地名》
- **Shimazu** 名 島津 (氏)
- **Shinkansen** 名 新幹線

Word List

- **Shinto** 名 神道 Edict for Separation of Shinto and Buddhism 神仏分離令
- **ship** 名 船
- **shipbuilding** 名 造船
- **shipyard** 名 造船所
- **shock** 名 衝撃
- **Shogun** 名 将軍
- **Shogunate** 名 幕府（政治）
- **shop** 名 店
- **shopping street** 商店街
- **shore** 名 海岸
- **shoreline** 名 海岸線
- **should** 助 ～すべきである
- **show** 動 見せる, 明らかにする, 教える
- **shower** 動 雨のように注ぐ
- **shrine** 名 神社
- **sickness** 名 病気
- **side** 名 側, 横 形 横の on either side 両側に side by side 並んで
- **sight** 名 光景, 眺め
- **sightseeing** 名 観光
- **significant** 形 重要な
- **signify** 動 表す
- **silence** 名 沈黙 in silence 黙って
- **similar** 形 同じような
- **sin** 名 （道徳・宗教上の）罪
- **since** 接 ～以来 前 ～以来
- **single** 形 1つの
- **sink** 動 沈む
- **site** 名 現場, 場所 National Historical Relic Site 国家指定史跡 World Heritage Site 世界遺産
- **situate** 動 （ある場所に）置く, 位置づける
- **situation** 名 状況
- **six** 名 6（の数字）形 6の
- **skin** 名 皮膚
- **slaughter** 名 大虐殺
- **small** 形 小さい, わずかな
- **snow** 名 雪
- **so** 副 とても 接 だから, それで so that ～するために
- **so-called** 形 いわゆる
- **some** 形 ①いくつかの, 多少の ②ある, 誰か, 何か 代 ある人［物］たち
- **sometimes** 副 時々
- **Song** 名 宋《中国の王朝名》
- **soon** 副 すぐに
- **sore** 名 傷
- **soul** 名 魂, 心
- **sound** 動 （～のように）思われる, （～と）聞こえる
- **south** 名《the ～》南（部）形 南の
- **southeast** 名 南東（部）
- **southwest** 名 南西（部）
- **souvenir** 名 おみやげ
- **soy sauce** しょうゆ
- **speak** 動 話す
- **Special Place of Scenic Beauty** 特別名勝
- **specialize** 動 専門にする
- **specialty** 名 特産品
- **specific** 形 はっきりした
- **speech** 名 演説 make a speech 演説をする
- **splendorous** 形 輝く
- **sport** 名 運動競技, スポーツ
- **spot** 名 場所
- **spread** 動 ①広がる ②まき散らす
- **spring** 名 ①春 ②泉 hot spring 温泉
- **sprinkled with** 《be –》～が点在する
- **sprout** 名 芽 bean sprout もやし
- **stadium** 名 競技場 Mazda Zoom-Zoom Stadium マツダズームズーム

スタジアム
- **stand** 動立つ, 立っている, ある
- **start** 動始まる, 始める 名始まり start to do 〜し始める
- **state** 動 ①状態 ②国家, (アメリカなどの)州 United States アメリカ合衆国
- **station** 名駅
- **statue** 名像
- **steam** 動蒸す
- **steel** 名鋼鉄 形鋼鉄の
- **steel-frame** 形鉄骨の
- **still** 副まだ, 今でも 形静かな
- **stockholder** 名株主
- **stone-paved** 形石畳の
- **store** 名店 動保存する
- **story** 名物語
- **storyteller** 名語り手
- **straightforward** 形率直な
- **strait** 名海峡
- **street** 名 ①街路 ②《S-》〜通り shopping street 商店街
- **streetcar** 名市街電車
- **strength** 名力, 精神力
- **stroke** 動なでる
- **strong** 形強い, 強力な
- **stronghold** 名拠点
- **strong-minded** 形気が強い
- **structure** 名建造物
- **struggle** 動奮闘する
- **student** 名学生
- **Studio Ghibli** スタジオジブリ《社名》
- **study** 動勉強する
- **subordinate** 形下役の
- **suburban** 形郊外の
- **such** 形 ①そのような, このような ②そんなに, とても, 非常に 代そのような人[物] in such a way as to 〜するような方法で, 〜するように such a そのような such as たとえば〜, 〜のような such 〜 as …のような〜
- **suffer** 動 ①(苦痛・損害などを)受ける, こうむる ②(痛みなどに)苦しむ
- **suigun** 名水軍
- **Sumiyoshi Shrine** 住吉神社
- **Sumiyoshi-chō** 名住吉町《地名》
- **Sumiyoshi-san** 名すみよしさん《住吉神社の夏祭り》
- **summer** 名夏
- **summit** 名頂上
- **sunk** 動 sink (沈む)の過去分詞
- **sunlight** 名日光
- **support** 動支援する
- **supremacy** 名支配権
- **surface** 名水面
- **surge** 名大波 動(波のように)押し寄せる
- **surrender** 動降伏する
- **surround** 動囲む
- **survive** 動生き残る
- **surviving** 形生存している, 生き残った
- **survivor** 名生存者 Hiroshima Atomic-bomb Survivors Hospital 広島赤十字・原爆病院
- **swell** 名(波の)うねり
- **symbol** 名象徴, シンボル
- **system** 名制度
- **systematically** 副組織的に

T

- **Taira no Kiyomori** 平清盛《人名》
- **Taishakukyō Gorge** 名帝釈峡

WORD LIST

《地名》

- **take** 動 ①取る, 持つ ②連れていく ③乗る ④《時間・労力を》費やす, 必要とする **It takes a hour to**（人）が～するのに1時間かかる **take ~ into consideration** ～を考慮に入れる **take on**（仕事などを）引き受ける **take someone to**（人を）～に連れて行く
- **talk** 動 語る
- **taste** 動 味わう
- **tasty** 形 おいしい
- **team** 名《競技の》組, チーム
- **technology** 名 科学技術
- **tell** 動 語る, 伝える
- **temple** 名 寺
- **temporarily** 副 一時的に
- **temporary** 形 仮設の
- **ten** 名 10（の数字）形 10の
- **tend to** ～しがちである
- **terrible** 形 恐ろしい
- **than** 接 ～よりも, ～以上に **more than** ～以上
- **that** 形 その, あの 代 ①それ, あれ, その［あの］人［物］②《関係代名詞》～である… 接 ～ということ, ～なので, ～だから 副 そんなに, それほど **so that** ～するために
- **the** 冠 ①その, あの ②《形容詞の前で》～な人々 副《～＋比較級, ～＋比較級》～すればするほど…
- **their** 代 彼（女）らの, それらの
- **them** 代 彼（女）らを［に］, それらを［に］
- **themselves** 代 彼（女）ら自身, それら自身
- **then** 副 その時（に・は）, それから, 次に 名 その時 形 その当時の
- **there** 副 ①そこに［で・は］, そこへ, あそこへ ②《～ is [are] ~》～がある［いる］名 そこ
- **therefore** 副 その結果

- **these** 代 これら, これ 形 これらの, この **these days** このごろ
- **they** 代 ①彼（女）らは［が］, それらは［が］②（一般の）人々は［が］
- **thick** 形 濃い
- **thin** 形 薄い
- **thing** 名 事物
- **think** 動 思う, 考える **think of ~** のことを考える, ～を思いつく
- **this** 形 ①この, こちらの, これを ②今の, 現在の 代 ①これ, この人［物］②今, ここ
- **thoroughly** 副 徹底的に
- **those** 形 それらの 代 それら
- **though** 副 しかしながら
- **thousand** 名 1000（の数字）形 1000の
- **three** 名 3（の数字）形 3の
- **through** 前 ～を通して, ～中を［に］副 通して
- **throughout** 前 ①～中, ～を通じて ②～のいたるところに
- **thus** 副 ①このように ②だから
- **tide** 名 潮流
- **tile** 名 タイル **roof tile** 屋根瓦
- **time** 名 ①時, 時間 ②時期, 時代 ③回 **at a time** 一度に **at that time** その時 **at the time** そのころ **for the first time** 初めて **from time to time** ときどき **of the time** 当時の
- **tirelessly** 副 休むことなく
- **to** 前 ①《方向・変化》～へ, ～に, ～の方へ ②《程度・時間》～まで ③《適合・付加・所属》～に ④《～＋動詞の原形》～するために［の］, ～する, ～すること
- **to and fro** 行ったり来たり
- **today** 副 今日（で）は
- **Tōkasan Festival** とうかさん祭り
- **Tokugawa Ieyasu** 徳川家康《人名》

Exploring Hiroshima

- **Tokugawa Shogunate** 徳川幕府
- **Tokyo** 名 東京《地名》
- **told** 動 tell（話す）の過去, 過去分詞
- **Tomonoura** 名 鞆の浦《地名》
- **too** 副 あまりに~すぎる
- **took** 動 take（取る）の過去
- **top** 名 頂上
- **topography** 名 地形図
- **torii** 名 鳥居
- **total** 形 全体の
- **tough** 形 ①たくましい ②困難な
- **tourist** 名 観光客
- **toward** 前 ①《運動の方向・位置》~の方へ, ~に向かって ②《目的》~のために
- **towards** 前 《運動の方向》~の方へ
- **town** 名 町, 都市
- **Toyo** 名 東洋 Toyo Industries 東洋工業《社名》
- **Toyotomi Hideyoshi** 豊臣秀吉《人名》
- **trace** 動 たどる
- **trade** 名 貿易, 商業
- **tradition** 名 伝統
- **traditional** 形 伝統的な
- **tragedy** 名 悲劇, 惨劇
- **train** 名 電車
- **training** 名 訓練
- **tramline** 名 路線電車
- **transfer** 動 ①運ぶ ②移す
- **transport** 動 輸送する
- **transportation** 名 交通（機関）, 輸送手段
- **travel** 動 ①旅行する ②移動する［させる］ 名 旅行
- **trillion** 名 1兆
- **trip** 名（短い）旅行
- **troop** 名 軍団
- **try** 動 試みる, 努める
- **Turkey** 名 トルコ《国名》
- **turmoil** 名 騒動, 混乱
- **twist** 動 ゆがむ
- **two** 名 2（の数字） 形 2の
- **type** 名 種類
- **typhus** 名 発疹チフス
- **typical** 形 典型的な, 象徴的な

U

- **U.S.** 略《= United States》アメリカ合衆国
- **uchiwa** 名 うちわ
- **unable to**《be –》~することができない
- **uncommon** 形 珍しい
- **under** 前《状態》~で, ~を受けて, ~のもと 副 下に［で］, 従属［服従］して
- **undergo**（つらいことなどを）経験する
- **underwent** 動 undergo（経験する）の過去
- **UNESCO World Heritage Site** ユネスコ世界遺産地
- **unfinished** 形 不完全な
- **unfortunately** 副 不幸にも
- **uniform** 名 制服
- **unify** 動 統一する
- **unite** 動 1つにする［なる］
- **United Kingdom** イギリス《国名》
- **United States** アメリカ合衆国《国名》
- **unknown** 形 不明の
- **unlike** 前 ~と違って
- **unload** 動（荷物などを）降ろす

Word List

- **until** 前 ～まで(ずっと) 接 ～の時まで, ～するまで
- **untouched** 形 手付かずの
- **up** 副 ①上へ, 上がって ②増して 前 ～の上(の方)へ
- **upheaval** 名 大変動
- **upwards** 副 上の方へ
- **use** 動 使う, 用いる
- **used to** 以前は～だった

V

- **valley** 名 谷
- **vanish** 動 姿を消す
- **various** 形 変化に富んだ, さまざまの
- **vary** 動 異なる
- **vegetable** 名 野菜
- **vehicle** 名 車両
- **vermilion-lacquered** 形 朱塗りの
- **very** 副 非常に
- **via** 前 ～経由で
- **vicinity** 名 付近
- **victim** 名 犠牲者
- **victimize** 動 犠牲者にする
- **view** 名 眺め
- **village** 名 村 fishing village 漁村
- **violate** 動 冒涜する
- **visit** 動 訪問する 名 訪問
- **visitor** 名 訪問客

W

- **walk** 動 歩く, 散歩する
- **wall** 名 壁
- **want** 動 望む, ～したい
- **war** 名 戦争(状態) Pacific War 太平洋戦争 World War II 第二次世界大戦
- **ward** 名 行政区
- **warfare** 名 戦争
- **warn** 動 警告する
- **warship** 名 軍艦
- **was** 動《beの第1・第3人称単数現在am, isの過去》～であった, (～に)いた［あった］
- **Washington** 名 ワシントン《米国の首都；州》
- **water** 名 水, (川・湖・海などの)多量の水 be in rough waters 大変な事態に陥る
- **waterfall** 名 滝
- **wave** 名 波 heat wave 熱波
- **way** 名 ①道 ②方法 by the way ところで in such a way as to ～するような方法で, ～するように way to ～する方法
- **we** 代 私たちは［が］
- **weakness** 名 欠点
- **wealth** 名 富
- **weapon** 名 武器, 兵器
- **wear** 動 着る
- **weather** 名 天気
- **welcome** 動 歓迎する
- **well** 副 うまく, 十分に, よく A as well as B BだけでなくAも, AもBも
- **well-being** 名 健康な状態
- **well-known** 形 有名な
- **went** 動 go(行く)の過去
- **were** 動《beの2人称単数・複数の過去》～であった, (～に)いた［あった］
- **west** 名《the ～》西(部) 形 西の
- **western** 形 西の
- **westernmost** 形 最西の
- **what** 代 ①何が［を・に］ ②《関係代名詞》～するところのもの［こと］

- **when** 副 ①いつ ②《関係副詞》〜するところの, 〜するその時, 〜するとき 接 〜の時, 〜するとき 代 いつ
- **where** 副 ①どこに[で] ②《関係副詞》〜するところの, そしてそこで, 〜するところに 接 〜なところに[へ], 〜するところに[へ] 代 ①どこ, どの点 ②〜するところの
- **which** 形 ①どちらの, どの, どれでも ②どんな〜でも, そしてこの 代 ①どちら, どれ, どの人[物] ②《関係代名詞》〜するところの of which 〜の中で
- **while** 接 ①〜の間(に), 〜する間(に) 一方, 〜なのに 名 しばらくの間
- **who** 代 ①誰が[は], どの人 ②《関係代名詞》〜するところの(人)
- **whole** 形 全体の, すべての
- **why** 副 なぜ, どうして
- **widely** 副 広範囲にわたって
- **wild** 形 野生の
- **will** 助 〜だろう, 〜しよう
- **win** 動 勝つ
- **wind** 名 風
- **wine** 名 ワイン rice wine 日本酒
- **winter** 名 冬
- **wish for** 〜を望む[願う]
- **with** 前 ①《同伴・付随・所属》〜と一緒に, 〜を身につけて, 〜とともに ②《様態》〜(の状態)で, 〜して ③《手段・道具》〜で, 〜を使って
- **within** 前 ①〜の中[内]に, 〜の内部に ②〜以内で, 〜を越えないで
- **without** 前 〜なしで, 〜しないで
- **woman** 名 女性
- **womb** 名 子宮
- **women** 名 woman (女性) の複数
- **won** 動 win (勝つ) の過去, 過去分詞
- **wonder** 名 驚くべきもの

- **wooden** 形 木製の
- **word** 名 単語
- **work** 動 働く 名 仕事
- **world** 名 《the 〜》世界, 〜界 all over the world 世界中に World Heritage Site 世界遺産 world of 無数の World War II 第二次世界大戦
- **worldwide** 副 世界的に
- **worship** 名 参拝 動 参拝する, 拝む
- **worshipper** 名 参詣者
- **would** 助 《will の過去》①〜するだろう, 〜するつもりだ ②〜したものだ
- **writer** 名 作家
- **written** 動 write (書く) の過去分詞

Y

- **Yagenbori** 名 薬研堀《地名》
- **Yakushi Nyorai** 薬師如来
- **Yamaguchi** 名 山口《地名》
- **Yamato** 名 大和《軍艦名》
- **year** 名 ①年, 1年 ②〜歳 for 〜 years 〜年間, 〜年にわたって
- **yen** 名 円《日本の通貨単位》
- **yet** 副 《否定文で》まだ〜(ない) 接 それにもかかわらず
- **you** 代 ①あなた(方)は[が], あなた(方)を[に] ②(一般に)人は
- **young** 形 若い, 幼い
- **your** 代 あなた(方)の
- **yukata** 名 浴衣

Z

- **zero** 名 ゼロ, 零 Ground Zero 爆心地

Word List

- **zoom** 動 (車などが) ブーンと走る, 疾走する **Mazda Zoom-Zoom Stadium** マツダズームズームスタジアム

English **C**onversational **A**bility **T**est
国際英語会話能力検定

● E-CATとは…
英語が話せるようになるための
テストです。インターネット
ベースで、30分であなたの発
話力をチェックします。

www.ecatexam.com

● iTEP®とは…
世界各国の企業、政府機関、アメリカの大学
300校以上が、英語能力判定テストとして採用。
オンラインによる90分のテストで文法、リー
ディング、リスニング、ライティング、スピー
キングの5技能をスコア化。iTEP®は、留学、就
職、海外赴任などに必要な、世界に通用する英
語力を総合的に評価する画期的なテストです。

www.itepexamjapan.com

ラダーシリーズ
Exploring Hiroshima 英語で読む広島

2017年8月9日 第1刷発行

著 者　西海コエン

発行者　浦　晋亮

発行所　IBCパブリッシング株式会社
　　　　〒162-0804 東京都新宿区中里町29番3号
　　　　菱秀神楽坂ビル9F
　　　　Tel. 03-3513-4511　Fax. 03-3513-4512
　　　　www.ibcpub.co.jp

© IBC Publishing, Inc. 2017

印刷　中央精版印刷株式会社
装丁　伊藤 理恵
組版データ　Sabon Roman + Avenir Black

落丁本・乱丁本は、小社宛にお送りください。送料小社負担にてお取り替えいたします。本書の無断複写（コピー）は著作権法上での例外を除き禁じられています。

Printed in Japan
ISBN978-4-7946-0487-3